Hovhannes Katschaznouni

(Armeniens erster Ministerpräsident)

FÜR DIE DASCHNAKZUTJUN GIBT ES NICHTS MEHR ZU TUN

(Bericht zur Parteikonferenz 1923)

Erste Auflage: April 2006
Zweite Auflage: Mai 2006
Dritte Auflage: Juni 2006
Vierte Auflage: Juni 2006
Fünfte Auflage: Januar 2007
Sechster Auflage: Juni 2007

Übersetzung: Halime Yıldırım

Herstellung: Analiz Basım Yayın

Druck: Pelikan Basım

ISBN: 975-343-454-5

KAYNAK YAYINLARI: 451

ANALİZ BASIM YAYIN TASARIM GIDA
TİCARET VE SANAYİ LTD. ŞTİ.
Meşrutiyet Cad. Kardeşler Han No: 12/3
34430 Galatasaray-İstanbul
web adresi: www.kaynakyayinlari.com
e-posta: iletisim@kaynakyayinlari.com
Tel: (0212) 252 21 56-99 Faks: (0212) 249 28 92

Hovhannes Katschaznouni

(Armeniens erster Ministerpräsident)

FÜR DIE DASCHNAKZUTJUN GIBT ES NICHTS MEHR ZU TUN

(Bericht zur Parteikonferenz 1923)

Übersetzung: Halime Yıldırım

EINLEITUNG ZUR TÜRKISCHEN AUSGABE

Die Archive seien zu öffnen, die Fakten sollen her! Sind armenische Archive keine Archive? Doch, sie sind es!

Und wir lüften nun den Deckel dieser Archive.

Um die Fakten festzustellen, empfehlen wir jedermann, in den armenischen und russischen Archiven zu forschen. Es erübrigt sich sogar, andere Archive zu konsultieren. Die Berichte von Repräsentanten der damaligen Regierung Armeniens, Anmerkungen, die armenische Kommandanten darauf notiert haben, Dokumente aus der Feder aufrichtiger armenischer Historiker wie Borjan und Lalajan reichen aus, um die Fakten festzustellen. Es handelt sich bei allen um offizielle Dokumente.

Der Bericht zur Daschnakenkonferenz von 1923

Die Reihe des Kaynak-Verlags *"Die Lüge vom Genozid an Armeniern anhand armenischer Dokumente"* beginnen wir mit einem offiziellen Dokument, das die Unterschriften des ersten Ministerpräsidenten Armeniens und des Führers der armenischen Daschnakzutjun-Partei trägt. Wir betonen, beim vorliegenden Buch handelt es sich nicht um einen Zeitschriftenartikel oder um eine Ansprache, sondern um den offiziellen Bericht zur Auslandstagung der Daschnakzutjun-Partei, die im April 1923 in Bukarest abgehalten wurde. Wer den Bericht liest, wird feststellen, dass Hovhannes Katschaznouni der wichtigste Führer der Daschnaken-Bewegung war. Er befand sich in der Zeit 1915-1923, die als "Armenier-

Genozid" bezeichnet wird, in verantwortlichen Positionen. Der vorliegende Bericht ist die Zusammenfassung der Ereignisse jener Zeit.

Wer war Katschaznouni?

Hovhannes Katschaznouni war der erste Ministerpräsident des im Juli 1918 gegründeten armenischen Staates. Er hat bis August 1919 der Daschnaken-Regierung 13 Monate lang vorgestanden. Er war einer der Gründer der Daschnakzutjun-Partei und ein wichtiger Führer. Er war die kompetenteste Person Armeniens und der Daschnaken-Partei.

Er wurde 1867 in der georgischen Region Achiska geboren. Nach dem Architekturstudium arbeitete er in Baku als Architekt. Dort schloss er sich der Daschnaken-Organisation an. 1917 wurde er Mitglied des Armenischen Nationalrates. Bis 1918 weilte er im kaukasischen Parlament (Sejm) als Vertreter der Daschnaken. Er nahm als Mitglied der armenischen Delegation an den Friedensverhandlungen mit den Türken in Trabzon und Batum teil. Nach dem Zerfall des Staates Kaukasien wurde er 1918 erster Ministerpräsident Armeniens und blieb bis August 1919 auf diesem Posten. Nach der Gründung der bolschewistischen Regierung in Armenien wurde er verhaftet. Nach der Niederschlagung des konterrevolutionären Aufstandes gegen die bolschewistische Führung im Jahr 1921 verließ er das Land. Jahre später kehrte er in das sowjetische Armenien zurück und arbeitete da bis zu seinem Tod im Jahr 1938.

Veröffentlichung des Berichts

Katschaznouni macht in diesem Tagungsbericht eine Selbstkritik über die vergangene Zeit. Diese Selbstkritik ist eigentlich ein

Eingeständnis. Katschaznouni stellt offen und aufrichtig fest, dass für die ausgestandenen Leiden die Daschnakzutjun-Partei verantwortlich ist. Am Ende des Berichts plädiert er dafür, dass die Daschnakzutjun sich auflöse und von der politischen Bühne abtrete. Seine abschließenden Worte sind niederschmetternd: "Ja, ich empfehle Selbstaufgabe; die Partei muss sich auflösen. "Katschaznouni gab im gleichen Jahr (1923) den Bericht als Buch heraus. Im gewählten Titel betont er den Freitod: *"Für Daschnakzutjun gibt es nichts mehr zu tun."*

Als Katschaznouni den Bericht in Buchform brachte, hat er dreibis vier Seiten herausgenommen, die Vorschläge zur internen Funktion der Partei enthalten. Im Anhang zum Buch findet sich dann noch die Antwort an einen Parteifreund, der den Bericht mit einem Brief kritisiert hat.

Das Buch, das in Armenisch erschien, wurde vier Jahre später, 1927, ins Russische übersetzt und in Tiflis als "warnendes Beispiel" in einer Auflage von 2000 Stück gedruckt. In der russischen Ausgabe wurde noch ein Vorwort hinzugefügt.[1]

Die englische Ausgabe des Buches wurde 1955 unter dem Titel *"The Armenian Revolutionary Federation (Dashnakzutjun) Has Nothing To Do Any More"* vom "Armenian Information Service" (Armenischer Nachrichten-Dienst) in New York publiziert. Diese englischsprachige Ausgabe enthält jedoch nicht den vollen Inhalt des Buches.

Interessant ist, dass –sieht man sich den Inhalt des Buches an– Folgendes als begreiflich erscheint: Dieser historische Bericht des ersten Ministerpräsidenten Armeniens wurde in Armenien verboten.

1 Im Vorwort, verfasst von Hanojan, wird trotz der Kritik an Katschaznounis Ansichten über die Sowjetregierung vermerkt, dass er "offenherzig" ist. Außerdem sind im sowjetarmenischen Buch von Katschaznouni auch die Passagen mit scharfer Kritik abgedruckt. Als Beispiel siehe Marents, "Litso Arsjanskogo Smenohowstva", in *Bolschewik Zakawkazja*, Nr. 3-4, 1928, S.83 f.

Es ist auch bekannt, dass er von Daschnaken aus den europäischen Bibliotheken eingesammelt worden ist. Ausgaben des Buches in verschiedenen Sprachen wurden aus den Bibliotheken in Europa entfernt. Das Buch erscheint zwar in den Katalogen, aber es fehlt in den Gestellen. Die Ausgabe von Katschaznounis Buch in russischer Sprache habe ich während meiner Forschungsarbeit über die Armenierfrage in der Lenin-Bibliothek in Moskau gefunden. Die Türkische Ausgabe des Buches verdanken wir Arif Acaloğlus sorgfältiger Übersetzung, wofür wir ihm aufrichtig danken.

Untersuchungen in der Türkei

Bei den Einleitungen vorheriger Auflagen des Buches hatten wir darauf hingewiesen, dass das Buch von Katschaznouni bereits im Jahre 1985 seitens Prof. Dr. Türkkaya Ataöv der Öffentlichkeit in Englisch bekannt gegeben wurde. Jedoch wird 34 Jahre vor Ataövs Publikationen bei den Werken von Esat Uras, ein paar Jahre vor ihm vom Institut für Außenpolitik und von Kamuran Gürün sowie bei der Publikation von Mim Kemal Öke im selben Jahr bereits auf Katschaznouni verwiesen. Nach unserer Feststellung ist dieses Buch seit mehr als ein halbes Jahrhundert in der Türkei bekannt.

Esat Uras hat in 1950 ein Buch mit dem Titel *Die Geschichte der Armenier und Die Armenierfrage* veröffentlicht.[2] Er hat bereits in diesem Buch Katschaznouni zitiert. Es sieht so aus, dass das Buch von Katschaznouni, die im Jahre 1923 in Wien in der armenischen Sprache veröffentlicht wurde, noch vor 1950 in die türkische Sprache übersetzt worden ist.

Die aus demselben Manuskript entnommenen Zitate befinden sich ebenfalls in dem Buch des Botschafters Kamuran Gürün, das

2 Esat Uras, *Tarihte Ermeniler ve Ermeni Meselesi,* Istanbul, 1950, S.716, 740, 758.

seitens der Gesellschaft für Türkische Geschichte im Jahre 1983 publiziert wurde.[3]

In Wien publiziertes Buch von Katschaznouni hat ebenfalls in der Quellenangabe der Broschüre mit dem Titel *Neun Fragen und Antworten auf die Armenierfrage*, die im Jahre 1983 seitens des Institutes für Außenpolitik veröffentlicht wurde, Platz gefunden.[4] Jedoch ist der Titel des Buches von Katschaznouni nicht Armenisch, sondern in Englisch. Es kann mit Sicherheit gesagt werden, dass das Institut für Außenpolitik seine Publikationen eng verknüpft zu staatlichen Organen durchführt.

Mim Kemal Öke hat in einem englischen Buch, das im Jahre 1984 von der Universität Bogazici herausgegeben wurde, einen langen Abschnitt aus dem in 1955 in New York in Englisch veröffentlichten Buch Katschaznounis entnommen.[5]

Auch Prof. Dr. Türkkaya Ataöv hat im Jahre 1984 über Katschaznounis Buch einen 10 Seiten umfassenden Artikel auf Englisch veröffentlicht. Diesen englischen Text wurde später von staatlichen Propaganda Institutionen zusammen mit den Übersetzungen in den französischen, deutschen und spanischen Sprachen als ein Buchlein publiziert.[6] Ataöv weist in diesem Text, dessen türkische Version nicht veröffentlicht wurde, darauf hin, dass er auch einen 61 Seiten umfassenden Text besitzt, der aus der armenischen Auflage Katschaznounis Buch in Türkisch übersetzt worden

3 Kamuran Gürün, *Ermeni Dosyası,* Türk Tarih Kurumu Yayınları, Ankara, 1983, S.196, 234, 274, 304 f, 308.

4 Dış Politika Enstitüsü, *Dokuz Soru ve Cevapta Ermeni Sorunu,* Ankara, Nisan 1983, S.41.

5 Mim Kemal Öke, "The Responses of Turkish Armenians to the Armmenian Question". Boğaziçi University, *Armenians in the Ottoman Empire and Modern Turkey (1912-1926),* Istanbul, 1984, S.79.

6 Prof. Dr. Türkkaya Ataöv, An Armenian Source: Hovhannes Katschaznouni; Une Source Armenienne: Hovhannes Katschaznouni; Eine Armenische Quelle: Hovhannes Katschaznouni; Una Fuenta Armenia: Hovhannes Katschaznouni, 2nd Edit., Ankara, March 1995.

ist. Es ist zu entnehmen, dass das Manuskript, auf das Esat Uras und Kamuran Gürün verweisen, mittels einer Schreibmaschine vervielfacht wurde. Es ist wahrscheinlich, dass vor 1984 auch andere Forscher auf die türkische oder englische Übersetzung des Buches verwiesen haben.

Wir wissen nicht, ob die türkische Übersetzung aus dem Armenischen bei dem Außenministerium vorhanden ist. Wir wissen jedoch, dass diese Übersetzung bei der Gesellschaft für Türkische Geschichte archiviert ist.

Einerseits ist es erstaunlich, dass dieser Bericht von Katschaznouni in unserem Land bisher noch nicht ausgewertet wurde; andererseits kann es auch als gewöhnlich angesehen werden. Denn die türkische Regierungen und Forscher haben ihre Thesen weder auf eine solide Grundlage des antiimperialistischen Kampfes noch auf die solide Grundlage des gerechten Befreiungskrieges gestützt. Denn die Bedeutung dieses Berichtes ist weder seitens der Wissenschaft –und Forschungskreisen noch vom Außenministerium erkannt und ausgewertet worden. Die türkische Übersetzung des Berichtes von Katschaznouni wurde nicht veröffentlicht und so gut wie verheimlicht. Über diesen Bericht wurde noch nicht einmal eine türkische Recherche durchgeführt. In erster Linie sind mit Sicherheit die türkischen Behörden und Forscher, die dazu geneigt waren, von den russischen und armenischen Archiven fernzubleiben und die Auswertung der russischen Quellen als Annäherung an den Bolschewismus zu empfinden, wirkungsvoll gewesen. Hier wird auch deutlich, dass die Sorge, die offiziellen türkischen Thesen den westlichen Imperialisten plausibel zu machen, determinant gewesen ist. Hier liegt das eigentliche Problem.

Am 2. Oktober 2005 publizierte die Zeitschrift *Aydınlık* erstmals Katschaznounis Bericht für die Öffentlichkeit in der Türkei. In dieser Artikelserie wurde, gestützt auf die russische Ausgabe des Berichts, eine ausführliche Zusammenfassung und Erläuterung gebracht.

Katschaznounis Feststellungen

Zu Beginn seines Berichts betont Katschaznouni, er sei nach einer Reihe mühevoller Überlegungen zu seiner Beurteilung gekommen. Die Ergebnisse, zu denen er gelangt, seien nicht Folge von Oberflächlichkeit und Willensschwäche, und er wisse, dass er damit viele verärgern werde. Katschaznouni bittet die Delegierten zur Daschnakzutjun-Tagung, ihre Vorurteile hintanzustellen und ihm geduldig zuzuhören. Bei der Abgrenzung des Themas erklärt er, er wolle die Ereignisse vom Ersten Weltkrieg bis zur Friedenskonferenz von Lausanne aus der Sicht der Armenierfrage behandeln, indem er sie in bestimmte Perioden gliedere und dabei die Rolle der Daschnakzutjun im Verlauf dieser Perioden erörtere.

Der erste Ministerpräsident der Daschnaken-Regierung kommt insbesondere zu folgenden Feststellungen:

- Es war ein Fehler, freiwillige Streitkräfte zu bilden.
- Sie waren auf Gedeih und Verderb an Russland gebunden.
- Man hat das pro-türkische Kräftegleichgewicht nicht in Rechnung gestellt.
- Der Umsiedlungsbefehl war folgerichtig.
- Die Türkei ist dem Verteidigungstrieb gefolgt.
- Die englische Okkupation hat den Hoffnungen der Daschnaken neuen Auftrieb verliehen.
- Man hat in Armenien eine Diktatur der Daschnaken errichtet.
- Man ist einem imperialistischen Projekt, wie der Forderung "ein Armenien von einem Meer zum anderen", verfallen und wurde in diesem Sinn aufgestachelt.
- Man hat moslemische Bevölkerung hingemetzelt.
- Die armenischen Terroranschläge waren darauf ausgerichtet, die westliche Öffentlichkeit zu gewinnen.

- Man hätte nicht nach Schuldigen außerhalb der Daschnaken-Führung suchen dürfen.

- Für die Daschnaken-Partei gab es nichts mehr zu tun. Sie hätte sich selbst abschaffen sollen.

Ja, alle diese Feststellungen kommen von Katschaznouni, dem ersten Regierungschef und Gründer der Daschnakzutjun-Partei.

Katschaznouni behandelt die armenisch-türkischen Beziehungen in der Zeit 1914 bis 1923 im Wesentlichen als Kriegszeit. Nach Katschaznounis Feststellungen handelte es sich bei diesem Krieg im Grunde um einen Krieg zwischen der Türkei und großen imperialistischen Staaten. In Katschaznounis Bericht findet sich keinerlei Stelle, wo er der Türkei eine Verantwortung zuschreibt. Denn Katschaznouni stuft die Daschnaken und die Armenier in ihrer Gefolg-schaft als die eine Seite des Krieges ein, und die Türkei als die andere. Angesichts des Sieges der Türkei bleibt für die Daschnakzutjun nichts anderes zu tun, als ihrem Dasein ein Ende zu setzen.

Diese Einschätzungen Katschaznounis mögen manche verwundern. Dabei kamen nach der Niederlage viele armenische Staatsmänner und Historiker zur gleichen Beurteilung. Die Zeit nach 1921 war für viele armenische Intellektuelle eine Zeit eingehender Selbstkritik. Sie hatten kalte Füße bekommen. Erheblichen Einfluss auf die Rückkehr zur Realität hatte sicherlich die Gründung einer bolschewistischen Regierung in Armenien. Ihre Opposition gegen den Imperialismus konfrontierte die armenischen Intellektuellen zwangsläufig mit den Realitäten und zog sie in Richtung des Bündnisses zwischen Lenin und Atatürk. Daher bestätigen die armenischen und Daschnaken-Dokumente aus der Zeit nach 1921 Katschaznounis Ansichten. In einigen Staatsarchiven Armeniens vorhandene Daschnaken-Dokumente widersprechen ebenso wie Katschaznouni der Lüge vom Holocaust in unwiderlegbarer Weise. Daschnaken-Quellen belegen reichlich mit Dokumenten, wie sie vom zaristischen Russland und dem westlichen Imperialismus gegen die Türkei benutzt wurden, und auch die armenischen Grausamkeiten während der Okkupation und den gerechten Abwehrkrieg der türkischen Armee.

Abschreckendes Beispiel

Katschaznounis Bericht ist, von außerordentlichem Wert, nicht nur, weil er unstrittig eine historische Realität präsentiert, sondern auch, weil er Lehren für die Welt der Gegenwart enthält. In der Strategie des US-Imperialismus werden kleinen ethnischen und religiösen Gemeinschaften bei der Aufspaltung gewisser Länder besondere Missionen aufgehalst. Welch blutige Folgen solche Missionen erzeugen, sieht man sehr gut am Beispiel Jugoslawiens, Afghanistans und des Iraks. Jedermann kann außerdem sehen, dass neue Beispiele in Vorbereitung sind. Aber alle diese Machenschaften und Pläne haben eine Schluss-Szene. Die Desaster, die in solchen Schluss-Szenen erduldet werden, sind in Katschaznounis Bericht mit all ihren tragischen Seiten zu erkennen. Jene, die auf Völker gehetzt wurden, die Jahrhunderte, ja Jahrtausende miteinander gelebt haben, haben dafür nicht nur ihre Nachbarn, sondern in schlimmster Weise auch das eigene Volk büßen lassen. Wie viele armenische Autoren sagt auch Katschaznouni, *"der russische Zarismus und der englische und französische Imperialismus haben uns benutzt, und als sie uns am Ende verlassen und uns im Regen haben stehen lassen, blieb uns nichts anderes übrig, als uns auf die Brust zu schlagen und zu klagen, alle hätten uns verraten."* Wer den Verlauf der Geschichte studiert, erkennt freilich, dass nach den heutigen Ereignissen Selbstkritik und Klagen im gleichen Tonfall erfolgen werden.

Weitere Dokumente im Daschnaken-Archiv Bestätigen Katschaznouni

Auch andere Dokumente im Daschnaken-Archiv bestätigen Katschaznouni. Manche Daschnaken-Dokumente, die in Staatsarchiven in Armenien verwahrt werden, führen ebenso wie Katschaznouni in drastischer Weise vor Augen, dass es sich bei der Holocaust-Behauptung um eine Lüge handelt. Daschnaken-Dokumente selbst reichen aus zu belegen, wie sie vom zaristischen Russland und dem westlichen Imperialismus gegen die Türkei benutzt worden ist. Sie belegen weiter die armenischen Grausamkeiten während der Okkupation und den legitimen Krieg der türkischen Armee dagegen.

Krieg Gegen die Türkei als Teil der Zaristischen Armeen

Die imperialistischen Zentralen erheben die Anschuldigung, der Osmanische Staat und die Regierung unter Mustafa Kemal (Atatürk) hätten 1915 bis 1923 Völkermord beziehungsweise Holocaust gegen Armenier begangen. Dabei sind diese acht Jahre, die in die Zeit unseres Befreiungskrieges fallen, die Jahre, in denen die Daschnaken-Truppen unter dem Armee-Kommando des zaristischen Russlands, Englands und Frankreichs im Krieg gegen die Türkei standen. Diese historische Tatsache findet sich in Tausenden Daschnaken-Dokumenten.

Hier einige Beispiele. Die Erklärung des Armenischen Nationalbüros unter Führung von Daschnaken gleich zu Beginn des Ersten Weltkriegs an Zar Nikolajaus II. zeigt wie sich die Daschnaken-Führung dem Imperialismus verschrieben hat:

"Während die ruhmreichen russischen Streitkräfte entlang des Reichsterritoriums, auf den schneebedeckten Bergen Armeniens und in dem weiten Alaschkert-Tal gegen die Türkei kämpfen, die sich, angelehnt an Deutschland, erdreistet hat, gegen das mächtige Russland die Hand zu erheben, sind die Armenier, dem Beispiel ihrer Vorväter folgend, (...) aufgestanden, um ihr Leib und Gut für Russland und den Ruhm seines Throns zu opfern.

"Die frohe Botschaft eines Krieges gegen die Türkei begeistert das ganze Volk. Armenier aus allen Ländern können es nicht erwarten, in den Reihen der ruhmreichen russischen Streitkräfte mit ihrem Blut für deren Erfolg zu dienen. Wir beten zum allmächtigen Gott, dass wir gegen den Feind siegen mögen. Zur neuen ruhmreichen russischen Waffe zu werden und in Russlands Osten die historische Pflicht zu erfüllen, ist unsere patriotische Mission. Unser Herz brennt in diesem Verlangen.

"Die russische Fahne wird in Istanbul und in den Dardanellen frei wehen.

"Der Befehl Ihrer Majestät wird den Völkern unter dem Joch der Türkei Freiheit bringen."[7]

Zaven, der armenische Patriarch in Istanbul, hatte ohnehin schon vor Kriegsbeginn gegenüber dem Korrespondenten der *Mschak,* dem Organ der armenischen National-Liberalen erklärt, dass "die grundlegende Lösung der armenischen Frage, ganz Armeniens (einschließlich der Ostregion der Türkei - M.P.) und das Schicksal der Armenier und deren Vereinigung unter der Herrschaft des russischen Imperiums, mit dem es historisch verbunden ist, zu erreichen ist."

7 *Mschak,* Nr. 271, 1914, übertragen von Marents, S.89.

Der Patriarch sagte auch: "Je schneller die Russen hierher kommen, umso besser für uns."[8]

Und der Brief, den Zarjew, der Vorsitzende des Büros für Auswärtige Angelegenheiten der Daschnakzutjun-Partei, 1915 an die Botschaften des zaristischen Russland in Paris und London gerichtet hat, führt vor Augen, welche Rolle Armenier im Ersten Weltkrieg gespielt haben:

> "Russlands Armenier warten seit den ersten Tagen des derzeitigen Krieges, sich in Russland und in der Türkei an ihm zu beteiligen. Dieser Sachverhalt lässt hoffen, dass am Ende des Krieges die Armenierfrage erneut auf die Tagesordnung gebracht wird und zu einer grundlegenden Lösung kommt. Deshalb können die Armenier nicht darauf verzichten, sich an den bevorstehenden Ereignissen zu beteiligen, deshalb müssen sie in brisantester Weise ihren Platz im Krieg einnehmen."[9]

Ein weiteres Daschnaken-Dokument, das den Inhalt dieses Briefes unterstützt, findet sich im persönlichen Archiv des Politikers und Historikers Borja und ist auch im Archiv der zaristischen Regierung vorhanden. Das Dokument, das die Rede des Vertreters des militärischen Flügels der Daschnakzutjun-Partei beim All-Armenischen Nationalen Kongress 1915 in Tiflis enthält, ist bemerkenswert:

8 SSR Armenien (Sozialistische Räte-Republik Armenien), Zentrales Historisches Staatsarchiv (TsGIA Arm. SSR), Fond Vipisok (Auszug), Dossier 37, Blatt 45-46, übertragen von K.N. Karamjan: Polodzenie Zapadnih Armjan "Armjanski Vopros" i Mejdunarodnaja Diplomatija w Poslednej Tschetwerti XIX Wjeka i Natschale XX Wjeka . - Jerewanski Gosudarstwenny Universitet, Jerewan, 1972, S.87 f.

9 *Mejdunarodnije Otnoschenija W Epochu Imperjalisma (Dokumenti Iz Archiva Zarskogo I Wremennogo Prawiteljstwa)*, - Gosudarstwennoje Sozialno-Ekonomitscheskoje Isdateljstwo; Moskwa-Leningrad, 1935 (Internatonale Beziehungen in der Epoche des Imperialismus (Dokumente aus dem zaristischen Archiv und der zeitgenössischen Regierung) - Staatlicher Sozial-Ökonomischer Verlag), Moskau-Leningrad, 1929, Serie III, Bd. VII, Kap. II, S.45.

> "Wie man weiß, hat die russische Regierung 242.900 Rubel zur Verfügung gestellt, um die türkischen Armenier zu bewaffnen und sie darauf vorzubereiten, während des Krieges einen Aufstand im Inneren des Landes auszulösen. Unsere freiwilligen Verbände müssen die Verteidigungslinien der türkischen Armee durchbrechen, sich mit den Aufständischen vereinigen, an der Front und hinter der Front Verwirrung stiften und damit zugleich den Durchmarsch der russischen Armeen und die Eroberung Türkisch-Armeniens gewährleisten."[10]

Publikationen der Daschnaken sind voll von Dokumenten, die berichten, dass sie an der Front und hinter der Front Tumulte angezettelt und als Stoßtrupp der russischen Armee gekämpft haben. *Orizon,* das Publikationsorgan der Daschnakzutjun, schreibt 1912 in ihrer Nummer 196:

> "Die türkischen Staatsführer und Regierungsinhaber sollen wissen, von nun an hat weder ein Türke noch der türkische Staat irgendeinen Nutzen von einem Armenier. Um ihr Hab und Gut, ihr Dasein zu schützen, müssen sie andere Wege finden."[11]

Als Armenier in *Orizon* Nr. 243 vom 31. Oktober 1914 aufgerufen werden, aktiv am Krieg teilzunehmen, äußert dieses, dass der Sieg des zaristischen Russland auch der Sieg der Armenier sein werde.[12]

10 Siehe B.A. Borjan: Armenija, Mejdunarodnaja Diplomarija i SSSR, Gosudarstwennoje Isdateljstwo, Moskwa-Leningrad, (Armenien, Internationale Diplomatie und die UdSSR; Staatsverlag, Moskau-Leningrad), 1929, Bd.1, S.360.

11 *Orizon,* Nr. 196, Jahrgang 1912, übertragen von K.N. Karamjan.
Polodzenie Zapadnih Armjan "Armjanski Vopros" i Mejdunarodnaja Diplomatija w Poslednej Tschetwerti XIX Wjeka i Natschale XX Wjeka. Jerewanski Gosudarstwenny Universitet, Jerewan, 1972, S.81.

12 *Orizon,* Nr. 243, 31 Oktober 1914, übertragen von A.M. Eltschibekjan: *Armenija Nakanune Welikogo Oktabrija - (Armenien am Vorabend der Großen Oktoberrevolution),* AN der SSR Armenien, Jerewan, 1963, S.18.

Sehen wir uns an, was *Ajrenik,* ein anderes Publikationsorgan der Daschnaken, in seiner Ausgabe vom 24 September 1915 über Nikolaj Nikolajewitsch, den vom zaristischen Russland eingesetzten und in Tiflis gerade eingetroffenen Gouverneur für den Kaukasus, schreibt:

> "Gestern hat seine Exzellenz Prinz Nikolaj Nikolajewitsch als Vertreter des Zaren im Kaukasus in Tiflis beehrt. Wir glauben fest daran, dass der erlauchte Prinz mit Willen und Entschlossenheit dem Dasein der türkischen Regierung ein Ende setzen wird. In dieser Überzeugung begrüßen wir den 6. Heerführer der russischen Armee im Kaukasus und heißen ihn willkommen."[13]

Bei dem Bankett in Etschmiazdin, anschließend an die Parade der Freiwilligen-Einheit unter dem Kommando von Vardan, bei dem auch hohe russische Offiziere anwesend waren, wurde zweimal das Glas auf das große Russland und seine heldenhafte Armee erhoben. Nachdem das Oberhaupt aller Armenier zeremoniell Gebete gesprochen hatte, äußert er die Dankbarkeit des armenischen Volkes gegenüber den russischen Armeen. Es sei bereit, gemeinsam mit ihnen armenische Territorien von Fremdherrschaft zu befreien.[14]

In seiner Gratulations-Depesche an Worontsow-Daschkow, den Statthalter des zaristischen Russland für den Kaukasus, und an P.O. Oganowski, den Kommandanten der 4. Kaukasischen Armee, äußert Georg V., das religiöse Oberhaupt aller Armenier, dass er für weitere Siege der russischen Armeen bete.[15]

13 *Ajrenik,* Nr. 2; 24 September 1915, übertragen von A.A. Lalajan,"Kontrrevo-ljutsionnij 'Daschnakzutjun' I Imperijalistitscheskaja Wojna 1914-1918" ("Konterrevolutionäre 'Daschnakzutjun' und der Imperialistische Krieg 1914-1918").

14 *Ararat,* Nr. 5, 1915, S. 288 f, übertragen von A.O. Arutjunjan, *Kawkaski Front 1914-1917;* "Ajastan", Jerewan, 1971, S.305.

15 *Ararat,* Nr. 5, 1915, S.415 f, übertragen von A.O. Artunjan, *ebenda,* S.307.

Und A. Hatisjan, ein wichtiger Führer der Daschnaken, äußert sich in seinen in Nr. 5 der Zeitschrift Ajrenik von 1933 veröffentlichten Memoiren so, "Mit Beginn der Niederlage der russischen Armee sind auch unsere Hoffnungen dahingeschmolzen", und gibt damit seinen Platz im Ersten Weltkrieg bekannt.[16]

Unter dem Kommando der Englischen und Französischen Truppen Krieg Gegen die Türkei

Nach dem Zusammenbruch des zaristischen Russland haben sich die Daschnaken in die Obhut der westlichen Imperialisten begeben und für die Interessen Englands, Frankreichs und der USA in der Region gegen die Türkei gekämpft.

Katschaznouni, Premier der Daschnaken-Regierung, hat bei einem Treffen mit dem Kommandanten der englischen Besatzungsarmee, General F. Wocker, erklärt, die Armenier hätten die Gewissheit, dass sich mit dem Sieg der Entente-Staaten und deren Einmarsch im Kaukasus die Lage zum Besseren wenden würde. Der Bericht über dieses Treffen wird im Archiv des Innenministeriums von Armenien aufbewahrt.[17]

Ein weiteres Dokument im armenischen Staatsarchiv berichtet, dass die Armenier in Adana unter dem Befehl des Kommandanten der französischen Besatzungstruppen, General Diffe, unter der

16 *Ajrenik,* Nr. 5, 1933, übertragen von A.A. Lalajan: "Kontrrewolutsionnaja Rol Partiji Daschnakzutjun" Istoritschiskije Zapiski" (Historische Eintragungen) Nr. 2, 1928, S.83.

17 Siehe SSR Armenien Innenministerium Zentralarchiv zur Oktoberrevolution (TsAOR MVD SSA) Fond 114, D. 23, B. 48, übertragen von D. Jenukidze, *Krach Imperialistitscheskoj Interwentsii W Sakawkasje (Schlappe der Imperialistischen Intervention in Transkaukasien),* Gospolisdat Grusinskoj SSR, Tiflis, 1954, S.188.

Bezeichnung "Strafbataillon" bewaffnet wurden und in französischer Uniform gekämpft haben.[18]

Hörigkeit gegenüber dem englischen und französischen Imperialismus hat dann auch zur Verflechtung mit der griechischen Besatzung geführt. Der Außenminister der Daschnaken-Regierung sagt in einem an seinen Vertreter in Tiflis gerichteten Telegramm Folgendes:

> "Die Lage an der Front ist sehr schwierig. Es ist unerläßlich, dass man sich baldmöglichst an Luck und Corbeille[19] wendet, damit sie ihren Regierungen kabeln, dass die türkischen Truppen im Vormarsch sind; und es ist unerläßlich, erforderliche Maßnahmen zu treffen. (...)"

Und von seinem griechischen Mittelsmann verlangt er, er möge sofort seiner "Regierung kabeln, alles berichten und erfahren, ob es möglich ist, dass die griechischen Truppen in die Offensive gehen und die türkischen Verbände schwächen."[20]

Armenische Dokumente über Greueltaten der Daschnaken

Dokumente der Daschnaken wiederum sind voll von Erzählungen über Gemetzel unter dem Kommando des Zaristischen Russland und der westlichen Imperialisten.

In der von Nikolajew, dem Kommandanten der Truppeneinheit in Van, vom 22. Juni 1915 an Aram, den Bürgermeister von Van, nach der Besetzung der Stadt ergangenen Weisung Nr. 34 wird von

18 Siehe SRR Armenien Innenministerium Zentralarchiv zur Oktoberrevolution (TsA-OR MVD SSSRA) Fond 200, D. 132, B. 338, übertragen von N.Z. Efendijewa, *Borba Turetskogo Naroda Protiv Franzuskih Okkupantow Na Juge Anatolii (1991-1921)*, Izdatelstwo AN Aserbeidschanskoj SSR, Baku, 1966, S.116.

19 Luck und Corbeille, Vertreter der Entente-Staaten in Tiflis.

20 D.S. Sawrijew, K. Nowojschej, *Istorii Sjewero-Wostotschnih Wilajetow Turtsii* (Geschichte der Nordöstlichen Provinzen der Türkei), Tiflis, 1947, S.85.

Ausschreitungen der Armenier gegen die kurdische Bevölkerung und über Plünderung ihrer Dörfer berichtet. Aber Aram antwortet in seinem Protestschreiben, die Befehle würden nicht befolgt und droht schärfste Bestrafung für die Schuldigen an, gleichsam als Vorwarnung an die Moslems in den noch nicht besetzten Gebieten.[21]

Im Bericht von Oberstleutnant Melik Schachnasarow, Kommandant der Daschnaken-Truppe Basch-Gjarninsk, mit Stempel vom 7. November 1918, den er an eine andere armenische Division sandte, heißt es, sie hätten alle Dörfer der Region bombardiert, 30 türkische Dörfer erobert.Sie verlangten die Erlaubnis zum Vormarsch, um die übrigen 29 Dörfer zu bombardieren. Die Daschnaken-Einheit, die von der Zentrale die Zustimmung erhielt, machte in der Folge Dutzende Dörfer der Aseris im Basch-Gjarninsk Gebiet dem Erdboden gleich, ermordete Hunderte Menschen, Frauen, Kinder, jung und alt und plünderte ihr Hab und Gut. Dieser Bericht des Daschnaken-Oberstleutnants wird im Staatsarchiv in Armenien verwahrt.[22]

Und der vom sowjetisch-armenischen Historiker A.A. Lalajan erst 1936 in der Nr. 2-3 der Zeitschrift *Rewolutionnij Wostok* und später 1938 in *Istoritscheskije Zapiski,* dem Publikationsorgan des Historischen Instituts der Akademie der Wissenschaften der UdSSR, herausgegebene Daschnaken-Bericht ist schaudererregend. In seinem Bericht, den der Daschnaken-Offizier 1920 aus der Region Beyazit-Vaaram geschrieben hat, brüstet sich dieser mit deren Praktiken:

> "Ich habe die türkische Bevölkerung ohne Unterschied liquidiert. Nach dem Motto 'Schade um die Patronen', ich habe die Überlebenden des Kampfes in Brunnen gestopft und mit

21 SSSR Staatliches Zentralarchiv der Oktoberrevolution (TsGAOR SSSR), Fond. 579, Liste 1, D. 1880, B, 3-7, von daselbst übertragen: A.O. Aruntjunjan, *ebenda,* S.369.

22 Armenisches Staatsarchiv (Gosarchiv Armeniji), Fond 67, D. 644, B. 1-2, übertragen von: A.A. Lalajan, S.99 f.

schweren Felsbrocken erdrückt, damit sie nie wieder das Licht der Welt sehen. Und so bin ich vorgegangen. Ich habe alle Männer, Frauen und Kinder versammelt und sie in den Brunnen, in die sie von mir geworfen worden waren, mit Felsbrocken zerquetscht."[23]

Plünderungspolitik der Daschnaken

Die Daschnaken-Verbände haben in den moslemischen Dörfern mittelalterliche Foltermethoden angewandt und geplündert. Sie haben versucht, auf diese Weise die Geldkrise, in der sich der armenische Staat befand, zu überwinden. In dem Brief eines Daschnaken-Funktionärs an A. Ogandzanjan, den Chef der Daschnaken-Regierung, wird geklagt, dass Reichtümer, die an den armenischen Staat gehen sollen, von Armeniern geplündert würden:

> "Zangi-Bassar wurde von uns eingenommen. Dieses Land ist so reich, dass es in der Lage ist, unsere Schulden einige Male zu decken. Seit zwei Tagen hat hier eine unerhörte Plünderung stattgefunden. Man hat Weizen, Gerste, Reis, Samoware, Teppiche, Geld und Gold eingesammelt. Das Finanzministerium konnte erst gestern zwei Funktionäre hierherschicken, jedoch ohne Begleitung von Sicherheitskräften. Ein kolossaler Reichtum entschwindet uns."[24]

Der Bericht des Daschnaken-Funktionärs, der wünscht, dass Güter der Türken in die Hände der Regierung gelangen, findet sich im Armenischen Staatsarchiv. Ein weiteres wichtiges Dokument ist

23 *Ebenda*, S.101; A.A. Lalajan, "Kontrrewoljutsionnij 'Daschnakzutjun' I Imperialistitscheskaja Wojna 1914-1918", S.92 f.

24 Armenisches Staatsarchiv (Gosarchiv Armeniji), fond 65, D. 116, B.96; übertragen von A.A. Lalajan, "Konterrevolutio-näre 'Daschnakzutjun' und der Imperialistische Krieg", S.100.

der Bericht des armenischen Gouverneurs der besetzten Stadt Kars an die Zentrale. Während der Gouverneur über die Liquidierung der kurdischen und türkischen Bevölkerung und die Plünderung ihrer Habe berichtet beklagt er sich darüber, dass es ihnen nicht immer gelänge, in den besetzten Dörfern alle Reichtümer einzusammeln. Er schreibt, "die eroberten, von Kurden und Türken bewohnten Gebiete sind wahrlich eine Schatzgrube. Leider gelingt es uns nicht, das Gebiet hier vollständig zu kontrollieren."[25]

Ein weiteres Beispiel für Plünderungen durch Daschnaken erscheint in der Zeitung Yogowurd (Nr. 105, 1920), einem Organ der herrschenden Kräfte. Der Autor G. Muradjan berichtet begeistert aus den Aseri-Dörfern am Nordufer des Goltschi-Sees, wo er sich aufhält, über die Plünderungs-Politik der Daschnaken-Regierung folgende Eindrücke:

> "Aufgrund der Tätigkeit unserer Regierung ist die Bevölkerung dieser Dörfer aus Armenien vertrieben worden. Ich habe verlassene Dörfer gesehen, wo einige Katzen und Hunde, die, von der Todesstille verwirrt, miauen und jaulen und verstörte Laute von sich geben. Die Bevölkerung dieser Dörfer hat eine beträchtliche Menge an Saatgut, Kartoffeln, Weizen und Gerste zurückgelassen. Die Regierung kann in diesen Dörfern über zwei Millionen Pud Weizen und eine halbe Million Kartoffeln einholen."[26]

Folterung Armenischer Dorfbewohner durch Daschnaken

Daschnaken-Quellen belegen, welcher unglaublichen Unterdrückung und Repressalien die armenische Dorfbevölkerung selbst

25 Ebenda, Fond 67, D. 1769, B.25, übertragen: *ebenda.*
26 *Jogawurd,* Nr. 105, 1920, übertragen: *ebenda*, S.100 f.

durch die armenische Regierung ausgesetzt war. Es ist dokumentiert, wie etwa W. Agamjan, Kommissar der Daschnaken-Regierung, unter dem Vorwand, Fahnenflucht zu verhindern, ohne Anhörung oder Gerichtsverhandlung Menschen bestraft und erschossen hat. Agamjan ließ Ehefrauen, Mütter und Schwestern von Fahnenflüchtigen zusammentreiben, splitternackt ausziehen und vor aller Augen auf dem Dorfplatz marschieren, wobei sie das Watscheln der Gänse imitieren mussten. Danach ließ Agamjan die Frauen und Mädchen verhaften, die er nachts vergewaltigte. Agamjan konnte ohne die geringste Strafe noch lange Zeit sein Amt ausüben. Erst als der Agent M. Azarapetow in Erfahrung brachte, dass die Dorfbewohner Agamjan umbringen wollten. hat ihn die Daschnaken-Regierung in die Zentrale zurückgeholt.[27]

In seinem im Iran publizierten Artikel schreibt Dzagetjan, ein ehemaliger Daschnaken-Minister, über die Daschnaken-Regierung, der er angehörte wie folgt:

> "Unter dem Vorwand, Spuren von Bolschewiki nachzuspüren, haben Regierungstruppen mit angeblichen Freiwilligen-Verbänden im Bezirk Itschevan (das alte Delidschan) in dörflichen Gegenden geplündert und Frauen vergewaltigt. Der freiwillige Vollstreckungs-Trupp versetzte die Dorfbewohner in eine solche Lage, dass ein 'Humbapeta' (als 'Rammbock' bezeichneter Trupp) mit 50 freiwilligen Artsch-Mard (Muskelprotzen) imstande war, eine ganze Kleinstadt zu belagern und sie niederzureißen. An die Tausend armenische Bauern wurden auf Aserbeidschans Territorium vertrieben."

Dzagetjan schreibt, dass aufgrund ihrer Beziehungen keiner der Funktionäre bestraft worden sei und fährt fort:

27 Armenisches Staatsarchiv (Gosarchiv Armeniji), Fond 67, D. 1588, B. 62-63, übertragen: A.A. Lalajan, "Kontrrewoljutsionnij 'Daschnakzutjun' I Imperijalistitscheskaja Wojna 1914-1918", S.101 f.

"Armeniens Innenministerium hat das Land zum Unterschlupf für alle Typen von Frevlern gemacht. Noch einen Tag vor seiner Amtsenthebung hat der Minister Krmonjan 50 Millionen Rubel seinem Guthaben hinzugeschlagen."[28]

Und Tschalhuschjan, Verleger und Daschnaken-Angehöriger, bezeichnet Jahre später die Regierungspolizei als "Plünderungstruppen" und dass es unmöglich geworden sei, nach Sonnenuntergang in der Stadt auszugehen.[29]

In der Tat hatte das als Humbapeta (Rammbock) bezeichnete System der Freiwilligenscharen in Armenien und in den Nachbarstaaten die Anarchie und Plünderungen zum System gemacht. Ein Lied, das sie gemeinsam sangen, um die Moral der Freischaren hochzuhalten, ist ein komponiertes Geständnis: "Auf zum Niederreißen, Plündern und zum Töten; Wirf' den Rock über die Schulter, und beweg' dich frei!"[30]

Dieser Umstand hat dazu geführt, dass jeder, dem es in den Sinn kam, einen Freiwilligen-Trupp bilden konnte, und viele von ihnen wurden zu Verbrecherorganisationen. Die folgende Verlautbarung des Bandenchefs (Humbapeta) namens Kazar der Irre veranschaulicht diese Situation:

"Verlautbarung an die Bewohner der Region und der Stadt Eriwan. Ich gehe heute mit allen Burschen an die Front. Sollten irgendwelche Leute sich nach meinem Abgang als Burschen von Kazar dem Irren bezeichnen und meinen Namen für Erpressungen missbrauchen, werden sie vom Volk und der Militärregierung zu harten Strafen verurteilt."[31]

28 Siehe A. Karinjan, "Charakteristike Armyanskih Nationalisttscheskih Tetschenij", *Bolschewik Zakawkazja,* Nr. 9-10, 1928, S.70.
29 Siehe *ebenda,* S.70 f.
30 T. Hatschikogljan, *10 Let Armyanskogo Strelkovoj Divizii (10 Jahre Armenische Füsilier-Division),* Izdatelstwo (Verlag) Polit. Upraw. KKA, Tiflis, 1930, S.5.
31 *Ebenda,* S.5 f .

Im Jahr 1918 hat die Daschnaken-Regierung alle Bürger unter 35 Jahren zum Militär einberufen und erneut "freiwillige" Truppen für den Krieg gegen die Türkei aufgestellt. Und in Publikationen in ihrem Organ hat sie denjenigen die Todesstrafe angedroht, die sich dem Befehl widersetzen, und geschrieben, wer "vernünftig" sei, werde diese Regeln befolgen, und hat auf diese Weise gedroht. Die Ausgabe der in Baku erscheinenden Daschnaken-Publikation *Arev* vom 1.März 1918 enthält diesen Tatbestand.[32] Und aus einem weiteren Dokument, das im Armenischen Staatsarchiv verwahrt wird, geht hervor, dass die Daschnaken-Regierung Spezialtruppen nach Berd, Vernij Karmir, Achbjur und in andere Dörfer der Region Schamschadinsk geschickt hat, um sie zu bestrafen, weil sie es abgelehnt hatten, Soldaten für endlose Kriege mit den Nachbarn und für internationale Gemetzel herzugeben.[33]

Im Publikationsorgan der Daschnaken *Martik* aus Gümrü wird angekündigt, dass in die Dörfer derjenigen, die sich vor der Mobilmachung drücken, eine Gruppe Soldaten mit einer Kanone und Maschinengewehr geschickt würde, und dass jene, die sich widersetzten, unter Kanonenbeschuss genommen würden.[34] Um Fahnenflucht zu verhindern, hat die Daschnaken-Regierung Truppen aufgestellt, die sie als "Terror-Organ" bezeichnete und hat in der Stadt Verlautbarungen anschlagen lassen, die lauten:

> "Verlautbarung an alle Fahnenflüchtigen und an das armenische Volk: In der Nacht des 1. März hat einer ein Pferd gestohlen, zwei weitere sind aus der Truppe ausgerissen und ha-

32 *Arev,* Nr.46, 1 März 1918, übertragen von A.A. Lalajan, "Kontrrewoljutsionnij 'Daschnakzutjun' I Imperijalistitscheskaja Wojna 1914-1918 gg.", S.96.

33 SSR Armenien Staatliches Zentralarchiv (TsGY Arm. SSR), Fond 67/199, D. 139, B. 230, übertragen A.M. Eltschibekjan, *Ustanowlenie Sowjetskoj Vlasti w Armenii,* Izdatelstwo AN Armjanskoj SSR, Jerewan, 1954, S.76.

34 *Martik,* Nr. 2, 1918, übertragen von T.P. Agajan, *Veliki Oktjabr I Borba W Trudja-Schihsja Armenii Za Pobedu Sowjetskij Vlasti,* Izdatelstwo AN Armjanskoj SSR, Jerewan, 1962, S.134.

ben so gegen das Vaterland und das armenische Volk Verrat verübt. Drei armenische Soldaten wurden erschossen. Es wird allen Fahnenflüchtigen zu Gehör gebracht, sie sollen sich ihren Truppen ergeben und ihre Soldatenpflicht erfüllen, bevor es zu spät ist und sie die gleiche Strafe ereilt. Tod den Verrätern, die es zulassen, dass die Türken Schirak einnehmen! Terror-Organ. Gümrü, 2. März 1918"[35]

Jogawurd, die Zeitung der herrschenden Kräfte Armeniens, berichtet in ihrer Ausgabe vom 29. Juni 1920, die Daschnaken-Regierung habe für Dörfer, die sich ihren Anordnungen nicht fügen, den Mündungsarm des Flusses Zangi gesperrt und sie so des Wassers beraubt. Infolge dieser Bestrafung sind viele Menschen gestorben, und die Ernte auf den Feldern ist verdorben.[36]

Ebenso wie Katschaznouni zieht auch Mauses Petros, der ehemalige Außenminister der Daschnaken-Regierung, in einem offenen Brief an Simeon Wratsjan, einen ehemaligen Minister, Bilanz und sagt, das Abenteurertum habe dem Land Verderben, Hunger und ethnische Konflikte gebracht. Petros' offener Brief wurde im *Zang,* dem Publikationsorgan der Hintschaken in Tiflis, am 21 September 1921 publiziert.[37]

Begeisterter Empfang der Türkischen Armeedurch Armenische Landbevölkerung

Dass die Daschnaken außer gegen Kurden und Türken auch gegen armenische Landbevölkerung Gewalt und Unterdrückung aus-

35 T. Hatschikogljan, *ebenda,* S.7.

36 *Jogawurd,* Nr. 102, 29 Juni 1920, übertragen von A.A. Lalajan: "Kontrrewolutsionnaja Rol Partiji Daschnakzutjun" S.102.

37 Siehe Historisch-Gesellschaftspolitisches Archiv Russlands (RGASPI) Fond 64, Liste 1, D. 208, B. 167-171.

übten, hat auch zu massiver Abneigung im armenischen Volk gegen sie geführt. Es geht sogar aus manchen armenischen Dokumenten hervor, dass die armenische Dorfbevölkerung gegenüber der türkischen Armee Sympathie gezeigt hat. Bemerkenswert ist der Bericht des Kommandanten der Daschnaken-Armee über einen armenischen Offizier, der aus dem Bezirk Etschmiazdin in Dörfer um Gümrü geschickt worden war, um armenische Soldaten aufzuspüren, die desertiert waren. Gestützt auf die Aussagen dieses Offiziers berichtet der Kommandant am 14. November 1920 an das Hauptquartier:

> "Armenier im Gebiet Gümrü haben den Daschnaken-Offizier feindselig empfangen und haben sogar in manchen Fällen versucht, ihn an die Türken auszuliefern. In vielen Dörfern steht die Bevölkerung der Armee ablehnend gegenüber und sieht in ihr den Feind. In den Dörfern von Jlchiab und Seltschan wurden rote Fahnen gehisst (...) Mein Offizier ist im Dorf M. Kapanak einer berittenen Patrouille der Türken zusammen mitberittenen Armeniern aus Seltschan begegnet. Die Türken wurden mit Salz und Brot empfangen, in den Dörfern bereiteten Frauen in Kesseln Essen zu. Als mein Offizier fragte, für wen sie das Essen kochten, bekam er zur Antwort: 'Für die Türken natürlich, nicht für euch.'"[38]

Der warmherzige Empfang für die türkische Armee, die heute des Völkermords bezichtigt wird, durch armenischen Bevölkerung selbst zeigt jedermann deutlich, was diese Bezichtigung mit der Realität zu tun hat.

Bemerkenswert ist, dass die Daschnaken, um ihren Fortbestand abzusichern, in der Zeit, als die Sowjetmacht errichtet wurde, die

38 TsGA Arm. SSR , Fond 68/200, D. 867, B. 278, übertragen: A.M. Eltschibekjan, *Welika Oktabrskaja Sozialistitscheskaja Rewolutsja I Pöbel Sowjetisch Wlasti W Armenii,* Izdatelstwo AN Armjanskoj SSR, Jerewan, 1957, S.209.

Zuwendung zur Türkei verfochten haben. Die Daschnaken, die seit Jahr und Tag Antikommunismus betrieben und gegen Imperialismus kämpfende, fortschrittliche Menschen im armenischen Volk verfolgt haben, haben die Lösung in der Hinwendung an die Türkei gesehen. Auch dieser Umstand widerlegt die Behauptungen, die Türken hätten Völkermord verübt. In dem Artikel in der Daschnaken-Zeitung *Aratsch* vom 20 November 1920 mit dem Titel *"Die Frage der Feuereinstellung und unsere Hinneigung"* heißt es; "Wenn das armenische Volk seinen Fortbestand wahren will, darf es sich nicht Russland sondern muss sich der Türkei zuwenden."[39]

Diese Erkenntnis geht auch aus den Seiten des *Ajrenik,* dem in Amerika erscheinenden Publikationsorgan der Daschnaken, hervor.[40] Sie schreiben darin sogar, dass sie sowohl in der Ära des Sultans Abdulhamid als auch in der Reformperiode "Ittihat ve Terakkl" (Einheit und Fortschritt) übertriebene Forderungen an die Türkei gestellt und zu Kriegen Anlass gegeben hätten und für Völkermord verantwortlich seien.[41]

Katschaznounis Bericht und der Außerordentliche Wert der Armenischen Dokumente

Bei Diskussionen über den Ersten Weltkrieg mit Bezug auf die armenisch-türkischen Beziehungen wird viel über Dokumente geredet. Es wird nach einem Wunderdokument gesucht, das den Armenier-Holocaust belegt oder widerlegt. Die Behauptung, man

39 *Aratsch,* Nr. 255, 20 November 1920, übertragen: A.A. Lalajan, *ebenda,* S.105 und T.P. Agajan, *"Weliki Oktjabr i Borba W Trudja-Schihsja Armenii Za Pobedu Sowjetskij Wlasti,* Izdatelstwo AN Armjanskoj SSR, Jerewan, 1962 S.31.

40 A. Masnikow, *"Armjanske Polititscheskie Partii Za Rubejom,* Izdatelstwo "Sowjetski Kawkaz", Tiflis, 1925, S.19.

41 T.P. Agajan, *ebenda,* S.31.

könne einen bedeutenden historischen Vorgang wie Völkermord mit einem oder mit einigen Dokumenten beweisen, ist wirklich eigenartig. Will man aber um jeden Preis ein so gewichtiges Dokument haben, da ist Katschaznounis Bericht von einzigartigem Wert.

Denn derjenige, der den Bericht geschrieben hat, war erster Ministerpräsident Armeniens, nicht der Türkei.

Und dieser Ministerpräsident hat die Ereignisse, die als Genozid bezeichnet werden, als der Kompetenteste der Daschnaken-Partei und der armenischen Regierung persönlich erlebt.

Und nicht im Krieg sondern danach hat er besonnen und pflichtbewusst eine Einschätzung davon verfasst.

Der Verfasser des Berichts befand sich an der Spitze einer der Kriegsparteien und war Kopf derjenigen Seite, von der behauptet wird, sie sei Opfer eines Holocausts.

Der ehemalige Ministerpräsident der Armenier, die nun die Vorgänge als Holocaust bezeichnen, stuft diese als Kriegshandlungen ein, und was noch wichtiger ist, er sagt offenherzig, dass sie zum Werkzeug der Imperialisten geworden seien.

Das vorliegende Dokument befindet sich nicht etwa in türkischen sondern in russischen und armenischen Archiven. Wenn die Imperialisten bei der Charakterisierung eines Holocausts dem armenischen Premier nicht glauben, wem wollen sie dann glauben? Wenn auch das, was in armenischen Archiven vorliegt, sie nicht überzeugt, welches Archiv soll sie dann überzeugen?

Katschaznounis Bericht Setzt der Großen Lüge ein Ende

Was nun zu tun bleibt, ist, die anderen armenischen Dokumente, die die Tatsachen aufdecken, auf Türkisch, Englisch, Deutsch, Französisch, Armenisch, Russisch, Chinesisch, Arabisch, Spanisch und in anderen Sprachen zu drucken und eine weltweite Kampagne zu führen.

Das sind die Fakten, und zwar aus der Feder des ersten armenischen Ministerpräsident und Führers der Partei Daschnakzutjun, des angesehenen Katschaznouni.

Es ist angebracht, je ein Exemplar dieses Berichts an Gremien wie das Komitee für Internationale Beziehungen des US-Repräsentantenhauses, Parlamente verschiedener Bundesstaaten der USA und deren Regierungen, an das französische Parlament, den Deutschen Bundestag, und den Schweizer Nationalrat zu senden. So können sie vom armenischen Ministerpräsident erfahren, wie weit ihre Beschlüsse über das Genozid an den Armeniern der historischen Wirklichkeit entsprechen.

Mehmet Perinçek,
11. November 2005, ul. Generala Tjulenewa, Moskau

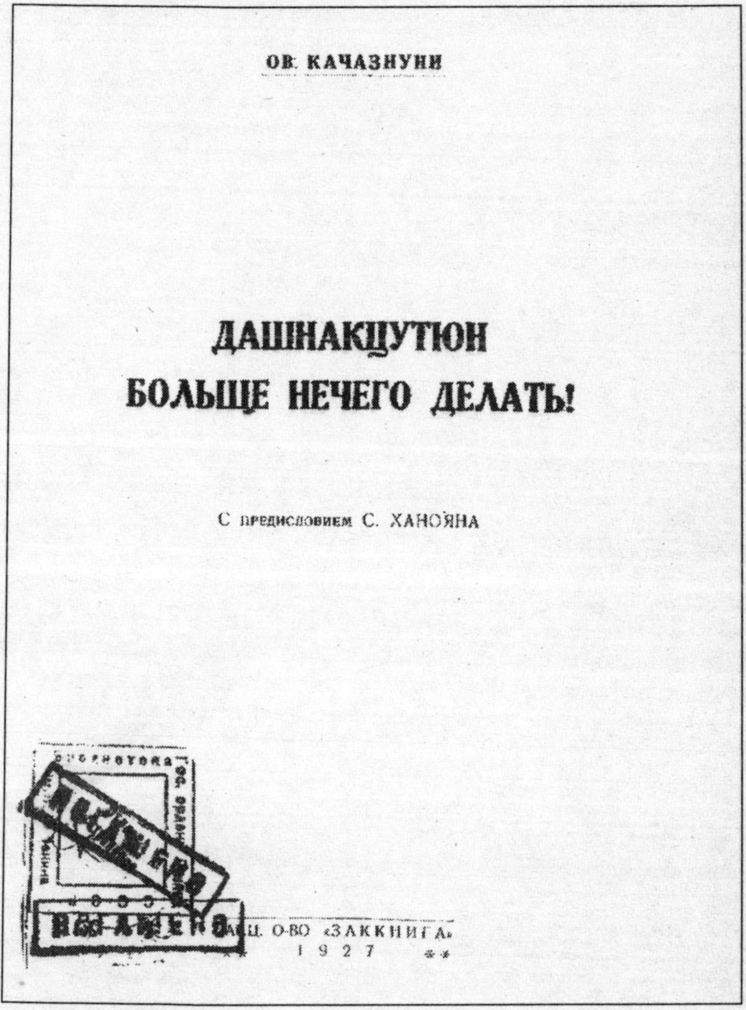

ОВ. КАЧАЗНУНИ

ДАШНАКЦУТЮН
БОЛЬЩЕ НЕЧЕГО ДЕЛАТЬ!

С предисловием С. ХАНОЯНА

АКЦ. О-ВО «ЗАККНИГА»
1927

Umschlag des 1927 in der UdSSR (in Tiflis) herausgegebenen Buches von Hovhannes Katschaznouni mit dem Titel "Für die Daschnakzutjun gibt es nichts mehr zu tun."

AN DEN LESER

Diese Arbeit ist der Text des Berichts, den ich der armenischen revolutionären Partei Daschnakzutjun bei Konferenz ihrer im Ausland weilenden Kräfte im April 1923, vorgelegt habe.

Weil die Fragen, die ich hier anspreche, nicht nur für meine Parteigenossen bestimmt sind, sondern es dabei um ein Thema geht, über das jeder Armenier sehr ernsthaft nachdenken muss, habe ich sie gleichzeitei drucken und der Öffentlichkeit zugänglich machen lassen.

Ich habe 3-4 Seiten des Berichts, die nur die Parteikreise interessieren, herausgenommen und veröffentliche ihn vollständig und ohne jede Korrektur.

Ow. K.
Bukarest 1923

***

GENOSSEN!

Die zu behandelnden Fragen waren Gegenstand sehr langer und qualvoller Überlegungen. Ich zweifle nicht daran, dass diese Fragen auch Sie beschäftigt haben. Allerdings weiß ich nicht, ob auch Sie dabei zum selben Ergebnis gelangt sind. Ich fürchte, dies ist nicht der Fall. Ich will sogar sagen: Ich fürchte, meine endgültige Beurteilung - und dics auszusprcchcn, fällt schr schwcr, und ich werde dies sagen, indem ich nur auf die Stimme meines Gewissens höre - wird eine gemeinsame Reaktion, vielleicht sogar Wut, der Konferenzteilnehmer hervorrufen.

Darauf bin ich vorbereitet.

Nur bitte ich Sie, Folgendes zu glauben: Diese Worte meinerseits zu schreiben und zu unterzeichnen, ist mir erst recht schwergefallen, weil ich mir ihre Gefühle vorstellte bei dem, was Sie hören werden. Was ich zu sagen habe, ist nicht Ergebnis von Unverantwortlichkeit oder ungenügender Überlegung. Es ist Ergebnis gründlicher Einschätzung und klaren Bewusstseins; denn ich habe die Fähigkeit zu denken, zu verstehen, zu urteilen, beurteilen, und den Zustand einzuschätzen.

Deshalb bitte ich Sie, ein wenig Geduld aufzubringen und zu versuchen, vorurteilslos an die Themen heranzugehen. Ich weiß, es ist für die Partei, für die, die mit Parteisorgen leben und im Rahmen von Parteikriterien denken, nicht leicht, dies zu tun.

Daher bitte ich Sie um Entschuldigung, wenn Sie dieses Thema fehl am Platz betrachten. Unter anderen Umständen könnten solche Themen unnötig und unangebracht erscheinen. Aber der ungewöhnliche Inhalt des Berichts, den ich präsentieren will, erfordert es und gibt mir das Recht, Ihre Weitsicht und Ihr Bewusstsein anzusprechen. Ich komme nun zum Thema.

In der Absicht der Umsetzung der Ergebnisse, zu denen ich gelange, will ich bestimmte Perioden der Armenierfrage und die Rolle der Daschnakzutjun-Partei in der Zeit vom großen Krieg beginnend bis zur Lausanner Konferenz in Ihrer Erinnerung aufleben lassen.

Welche Perioden hat die Armenierfrage 1914 durchlaufen, wie sind die Ereignisse entstanden, wie haben sie sich entwickelt, wie sind sie aufeinander gefolgt und wohin haben sie geführt, was hat unsere Partei in der Zwischenzeit getan und was muss sie in Zukunft tun?

Je eindringlicher ich mich mit diesen Themen befasste und mir die Ereignisse der jüngsten Vergangenheit in Erinnerung rief, sie von zweitrangigen und zufälligen Aspekten trennte und chronologisch ordnete, tat sich das folgende Bild auf:

1. Im Herbst 1914, zu einer Zeit, da sich die Türkei noch nicht für die eine oder andere Seite entschieden hatte, und sich noch nicht darauf vorbereitete, hat man in Südkaukasien mit großem Klamauk begonnen, in drastischer Weise freiwillige armenische Formationen zu bilden. Trotz des nur ein paar Wochen zuvor auf dem Kongress in Erzurum gefassten Beschlusses gegen die Bildung freiwilliger armenischer Truppen, hat die Revolutionäre Partei Armeniens Daschnakzutjun (RPAD) sowohl bei der Bildung solcher Formationen als auch bei deren Verwendung für Operationen gegen die Türkei aktiv mitgewirkt. Gewisse Kräfte und manche Parteiführer von Südkaukasiens RPAD haben dem Beschluss des diesbezüglich obersten Entscheidungsorgan der Partei zuwidergehandelt und damit eine Verantwortung übernommen, die später so schwere Folgen haben sollte.

Warum?

Sie wurden von Massenhysterie erfasst und haben sich vom Strom mitreißen lassen.

Bei dieser Gelegenheit erinnere ich mich, und möchte auch Sie daran erinnern, dass in der Zeit davor die Daschnakzutjun in Südkaukasien bei der Gründung mancher Bewegungen nicht als deren Schöpfer sondern als Beteiligter gewirkt hat. In den Jahren 1903 (bei Protesten und Kundgebungen gegen Beschlagnahme von Kirchenbesitz) und 1905-1906 (während der blutigen Konflikte zwischen Armeniern und Moslems) war das der Fall. So geschah es auch während der umfangreichen Arbeiterbewegungen (1903-1906), und Daschnakzutjun wurde nach der Politik und Taktik anderer sozialistischer Parteien in Baku, Tiflis und Batum ausgerichtet.

Wie Sie später sehen werden, hat sich diese eigenartige Linie auch bei unseren Aktivitäten in der Folgezeit offenbart.

Die Frage, "War es erforderlich, Freiwilligen-Truppen zu aufzustellen?" ist heutzutage natürlich bedeutungslos. Historische Vorgänge haben ihre eigene eiserne Logik. Im Herbst 1914 wurden armenische Freiwilligen-Truppen aufgestellt und haben Aktionen gegen Türken unternommen: Das war die logische und unausbleibliche Folge der seit fast einem Vierteljahrhundert genährten psycho-logischen Stimmung im armenischen Volk. Diese Psychologie musste für sich eine Form finden, und sie hat sie gefunden.

Und diese Bewegung aufzuhalten, war nicht die Aufgabe von Daschnakzutjun (selbst wenn sie dies gewollt hätte). Sie kann bloß die vorhandene Tendenz nutzen und dafür sorgen, dass angesammelte Wünsche und Hoffnungen nach außen dringen; die konnte ebenso eine bereits vorhandene Kraft organisieren. Ihre Möglichkeiten und ihr Einfluss reichten nur so weit. Sich gegen die Bewegung zu stellen und der eigenen Linie zu folgen, dazu war unsere Partei zu schwach; denn die Partei war eine Masse, deren Instinkte stark, deren Bewusstsein aber schwach war.

Heute zu fragen, wer schuld ist, ist auch bedeutungslos (falls das Thema der Verantwortung auf die Tagesordnung kommt). Wären Bischof Mesrop, A. Hatisow, Doktor Zawriew, S. Arutjunow, Dro und Andranik nicht gewesen, hätten sich andere gefunden und hätten die gleichen Dinge gemacht. Wenn die Aufstellung von Freiwilligen-Truppen ein Fehler war, so ist das die Fortsetzung und die logische Folge der politischen Linie, deren Wurzeln in ferner Vergangenheit zu suchen sind. Nun muss man Folgendes feststellen. Wir haben uns an dieser Freiwilligenbewegung aktiv beteiligt, und die Beteiligung ist trotz des (gegenteiligen) Beschlusses des Parteikongresses erfolgt.

2. Der Winter 1914 und die ersten Monate des Jahres 1915 sind aus der Sicht von Russlands Armeniern, einschließlich der Daschnakzutjun, eine Zeit des Aufbruchs und der Hoffnung. Wir waren bedingungslos Russland zugewandt.

Wir haben uns einem Siegesrausch hingegeben, ohne dass dafür ein Grund bestanden hätte. Wir waren davon überzeugt, dass uns als Gegenleistung für unsere Treue, unsere Arbeit und unsere Unterstützung die Zarenregierung die Unabhängigkeit Armeniens (bestehend aus Südkaukasien und den Armenierprovinzen der Türkei) gewähren würde.

Unser Kopf war benebelt. Indem wir die eigenen Anliegen anderen überantwortet haben, haben wir den leeren Worten verantwortungsloser Leute großes Gewicht beigemessen, durch Selbsttäuschung die Realitäten nicht erkennen können und uns von Illusionen leiten lassen.

Angeblich kursierten irgendwelche Äußerungen aus der Hof-Gerüchteküche. Dauernd berief man sich auf irgendwelche Briefe (Brief von Worontsow-Daschkow an den Katholikos, das religiöse Oberhaupt aller Armenier. Diese Briefe wurden uns als Pfand für unsere künftigen Forderungen und zur Verteidigung unserer Rechte hingestellt. Dabei enthielten diese meisterhaft aufgesetzten Briefe nichts anderes als nach Wunsch abgefasste, allgemein gehaltene, vage Empfehlungen, die verschiedene Auslegungen zuließen.

Die Kraft des armenischen Volkes, sein politisches und militärisches Gewicht und seine Unterstützung für die Russen wurde massiv überschätzt. Durch Überbewertung unserer bescheidenen Möglichkeiten haben wir auch unsere Erwartungen zu hoch gesteckt.

3. Im Sommer und im Herbst 1915 wurden die Armenier in der Türkei zwangsweise umgesiedelt, Massenverbannung und Unterdrückung wurden betrieben. All das versetzte der Armenierfrage einen vernichtenden Schlag.

Die Gebiete, in denen noch den uns von Armenien historisch überlieferten Traditionen und den Versprechungen der europäischen Diplomatie wurden Gebiete entvölkert, worauf die Grundsteine unserer Unabhängigkeit hätten errichtet werden sollen, wurden envölkert. Die armenischen Provinzen blieben ohne Armenier.

Die Türken wussten, was sie taten, und heute gibt es keinen Umstand, den sie zu bedauern hätten. Wie sich auch später herausstellte, war dies die entschiedenste und tauglichste Methode für eine grundlegende Lösung der Armenierfrage.

Heute ist es auch müßig zu fragen, wie weit unsere Milizen das Los der Armenier in der Türkei beeinflusst haben. Niemand kann sagen, ob die erbarmungslose Unterdrückung unterblieben wäre, wenn wir diesseits der Grenze eine andere Linie gehabt hätten. Wenn man unsere Feindseligkeit gegenüber den Türken in die Waagschale legt, kann niemand sagen, ob die betreffenden Sanktionen gleichartig gewesen wären.

In dieser Angelegenheit kann man unterschiedlicher Meinung sein.

Fakten bleiben Fakten, und dabei ist wichtig, dass der vor Jahrzehnten begonnene Kampf gegen die türkische Souveränität dazu geführt hat, dass Armenier aus der Türkei verbannt oder vernichtet und damit Türkisch-Armenien entvölkert wurde.

Das war die erschreckende Realität.

Nun mag die zivilisierte Welt angesichts der unbeschreiblichen Missetaten der Türken erschüttert sein. Es mögen Staatsmänner in Parlamenten und in zivilen Versammlungen den grausamen Türken drohen. Man mag "gelbe", "blaue" oder andersfarbige Bücher publizieren. Es mögen Priester verschiedener Religionen in ihren Andachten erbitten, die grausamen Türken solle die Strafe ereilen. Mag die Weltpresse Schilderungen und Zeugenaussagen publizieren. Welchen Sinn soll das alles haben? Das Unausweichliche ist geschehen, und es ist nicht möglich, in der Wüste Arabiens verstreute Leichen mit Worten wieder lebendig zu machen, zerstörte Häuser und entvölkertes Land mit Worten zu retten.

4. Die zweite Hälfte des Jahres 1915 und das ganze Jahr 1916 war für uns eine Zeit der Trauer.

Flüchtlinge aus Van, Eleschkirt, Basen, alle, die dem Gemetzel entrinnen konnten, Hunderttausende Menschen, haben sich in die armenischen Bezirke Russlands ergossen. Unsere Dörfer und Städte wurden mit hungrigen, nackten und verängstigten Menschen gefüllt. Diese hungrige Menschenmenge war in ein Land gekommen, das selbst kein Brot hatte. Entkräftete, kranke, ratlose Flüchtlinge blieben auf der Straße. Die Täler von Schirak und Ararat ähnelten einem riesigen Lazarett: Hier starben Tausende Armenier vor unseren Augen, vor unserer Tür an Hunger und Krankheit.

Wir waren außerstande, diese wertvollen Menschenleben zu retten. Wir empfanden Wut und Angst, suchten nach Schuldigen und erklärten "die russische Regierung und ihre hinterhältige Politik" zum Übeltäter.

In einer Ratlosigkeit von politisch unreifen und wankenden Menschen wurden wir von einem Pol zum anderen geworfen. So blind und unbegründet unser gestriges Vertrauen in die russische Regierung gewesen war, so blind und unbegründet waren jetzt unsere Anschuldigungen. Es wurde behauptet, die Russen hätten absichtlich langsam reagiert, Unentschlossenheit gezeigt. Sie hätten den Türken Vorwand und Möglichkeiten geboten, die einheimischen Armenier abzuschlachten. Angeblich hätten die Russen so verfahren, um Armenier aus Armenien zu vertreiben und dort Kasachen anzusiedeln.

Es hieß, es würde das allseits bekannte Projekt von Herzog Lobanow-Rostowski, "ein Armenien ohne Armenier" durchgeführt.

Nicht nur das Volk, auch unsere Partei und viele unserer besonneneren Genossen dachten so.

Um uns die politische Linie der russischen Regierung zu erklären, wollten wir nicht wahrhaben, dass es nicht notwendigerweise eines Projektes "Armenien ohne Armenier" bedurfte, dass bloß in deren Plan nicht vorgesehen war, sich die Aufgabe aufzuladen, die türkischen Armenier um jeden Preis zu beschützen. Einen solchen Plan gab es natürlich nicht. Wir unterstellten nur unser Wunschdenken auch noch der russischen Regierung und bezichtigten sie des Verrats.

Natürlich versuchten unsere Freiwilligen-Verbände, Van und Musch raschmöglichst einzunehmen. Sie gingen dorthin, um die Armenier zu retten. Dabei bestanden die russische Armee-Einheiten nicht aus armenischen Freiwilligen und hatten andere Absichten. Die Schwerfälligkeit und Unentschlossenheit, die man bei ihnen feststellen konnte und die wir als Verrat taxierten, ist mit der üblichen Führungsschwäche der russischen Kommandostellen (und Beispiele für diese Schwäche wurden häufig auch an anderen Fronten festgestellt) oder mit allgemeinen, uns unbekannten militärischen Vorgaben zu erklären.

Diese Sachlage ist bezeichnend und sehr interessant, so dass wir sie speziell erörtern müssen. Als eine politische Partei hatten wir vergessen, dass unser Anliegen für die Russen nicht von Interesse war, und dass sie notfalls über unsere Leichen hätten marschieren können.

Ich kann nicht behaupten, dass wir das nicht begriffen und nicht gewusst hätten. Natürlich wussten wir es, und wir waren seinerzeit nötigenfalls auch imstande, es sehr günstig zu formulieren. Aber die Bedeutung dieser Formulierung hatten wir nicht begriffen; wir vergaßen, was wir schon wussten und nahmen naiv an, der Krieg würde nur wegen der Armenierfrage geführt. Als die Russen in die Offensive gingen, glaubten wir, sie seien aufgebrochen, um die Armenier zu retten; und als sie den Rückzug antraten, glaubten wir, sie verschafften den Türken Gelegenheit, uns zu schlachten.

In beiden Fällen verwechselten wir die Folgen mit Zielen und Absichten.

Wir suchten Beweise für einen Verrat der Russen und fanden sie natürlich ebenso, wie wir sechs Monate zuvor stichhaltige Beweise für ein wohlwollendes Vorgehen der Russen gesucht und gefunden hatten.

Über das schlechte Los zu jammern und die Gründe für unser Elend woanders zu suchen, ist ein bedauerlicher Zustand; das gehört zur Charakteristik und Eigenart unserer nationalen Psychologie, und die Daschnakzutjun-Partei konnte dem ebensowenig entrinnen.

Es schien, als ob dem Glauben, die Russen hätten sich uns gegenüber hinterhältig verhalten, ein besonderer Trost zu Eigen war (später sollten noch die Franzosen, die Amerikaner, die Engländer, die Georgier, die Bolschewiki, mit einem Wort alle Welt folgen).

Als ob der Umstand, dass wir naiv und nicht weitsichtig waren, eine Heldentat gewesen wäre. Zum Schluss gerieten wir in eine derartige Lage, dass uns jeder, der wollte, leicht im Stich ließ, verriet, schlachtete und anderen die Gelegenheit bot, uns zu schlachten.

5. Im Februar 1917 brach die Russische Revolution aus. Unverhofft boten sich uns neue Möglichkeiten. In Russland wurde ein demokratisches System gegründet. Auf der Tagesordnung standen außerordentlich bedeutende Themen (wie die Verstaatlichung des Grundbesitzes). Als Demokraten und Sozialisten begrüßten wir begeistert das neue System. Gleichzeitig verschlossen wir uns als nationale politische Partei den Fragen der Ablösung der Führung in der Zentralverwaltung, der Autonomie für Regionen und für das Volk.

Ein massiver Tätigkeitsdrang setzte ein.

Es wurde erforderlich, den alten Staatsapparat auszuwechseln, neue Einheiten der Lokalverwaltung sollten aufgestellt werden. Die Zentralregierung, die die erste Phase der Revolution miterlebte, war nicht imstande, sich darum zu kümmern. Diese Angelegenheit wurde der Hand völlig neuer Kader anvertraut. Es wurden gesellschaftlichen Einrichtungen, wie den politischen Parteien, den Arbeitergewerkschaften und den nationalen Regierungen Aufgaben zugeteilt (besser gesagt, sie haben diese Aufgaben selbst übernommen).

Im Südkaukasien, wo viele Völker leben, war die Beteiligung dieser Völker an der Verwaltung ein besonders schwieriges Thema. In wichtigen Zentren wurden nationale Räte und indes auch armenische Nationalräte gegründet.

In Tiflis wurde das Kommissariat Südkaukasiens und das Zentrum der Arbeiter- Soldaten- und Bauernräte Südkaukasiens gegründet. Das waren zwei voneinander unabhängige Einrichtungen der Zentralverwaltung und nahmen, bis zur Gründung staatlicher Institutionen, Aufgaben der Regionalverwaltung wahr.

Die "sowjetische Zentrale" hatte gegen Jahresende ihren Einfluss verloren und zog sich von der politischen Bühne zurück. Parallel dazu erstarkte das Kommissariat für Südkaukasien und entfaltete sich zur Regierung von Südkaukasien.

6. Später bestand das Kommissariat, wie das beim Sejm und der Regierung von Südkaukasien der Fall war, aus einer Koalition.

Diese Koalition vertrat nominell die jeweiligen Parteien, im Wesen aber vertrat sie die Völker. Die wesentlichen Parteien waren die folgenden: die Menschewiken-Fraktion, Sozialdemokraten, Musawat und die Armenische Revolutionäre Partei Daschnakzutjun. Faktisch vertraten diese die drei hauptsächlichen Völker der Region - die Georgier, Aserbeidschans Tataren und die Armenier.

Der Haupteinfluss im Kommissariat und später sowohl im Sejm als auch in der Regierung lag bei den georgischen Menschewiken.

Warum?

Hier einige Gründe:

Erstens, das Kommissariat hatte die Vollmacht für seine Aufgaben von der provisorischen Regierung in Petrograd, richtiger gesagt von Kreisen der Staatsduma übernommen. Gestützt auf eine starke Organisation wie die Sozialdemokratische Partei Russlands, hatten die georgischen Volksvertreter in der Duma längst eine wichtige Stellung erobert, Einfluss gewonnen und Verbindungen hergestellt. Als in Südkaukasien ein Kommissariat gegründet wurde, wurde nicht den Armeniern oder den Tataren[1] der Vorrang gegeben, deren Existenz in der Duma nicht auffiel, sondern natürlich den Georgiern.

Zweitens gab es bei den Georgiern Leute, die mehr oder weniger darauf vorbereitet waren, Staatsgeschäfte zu übernehmen. Dank ihrer aktiven Beteiligung an einer großen politischen Partei und später in der Duma haben sie gewisse Routine und Erfahrungen erworben. Hingegen hatten weder wir noch die von Musawat solch eine Schule durchlaufen, wir waren nicht darauf vorbereitet. Musawat war eine neue Partei, und die Daschnakzutjun war auf Unter-

1 Mit Tataren sind Türken in Aserbeidschan gemeint. Der Autor benutzt vorzugsweise diesen von der zaristischen Verwaltung gebrauchte Bezeichnung, doch zeitweilig benutzt er auch die Bezeichnung "Aserbeidschaner" (Anm. d. Übers.)

grundtätigkeit ausgerichtet. Zweifellos stellte auch die Position der Parteiführer eine gewisse Bedeutung dar. Die Georgier stellten einige kompetente Leute, gesellschaftliche Führer; wir hatten niemand, der neben ihnen sitzen konnte, und wir besetzten die zweiten oder dritten Reihen hinter ihnen.

Ein anderer Aspekt: Zur Zeit des alten Regimes lagen in Südkaukasien die Staatsgeschäfte eigentlich in der Hand der Georgier. Dies war auch nach der Revolution der Fall, denn unter den Georgiern gab es mehr Leute, die darauf vorbereitet waren, technische Arbeiten zu übernehmen. Die Erfahrung im öffentlichen Dienst bildete natürlich eine solide Voraussetzung für die Eingliederung der Georgier in der Staatsverwaltung. vom "Kommissariat" bis zur Eisenbahn und zum Post- und Telegrafenwesen war das der Fall.

Doch am wichtigsten war der folgende Umstand: Die Georgier sind das bewussteste und am besten organisierte Volk in Südkaukasien. Hinzu kommt, dass für das georgische Volk keinerlei Bedrohung seiner physischen Existenz bestand. Deshalb waren die Georgier stärker als andere.

Dank der geografischen Lage und dem Umstand, dass sie eng beieinander angesiedelt sind, dass sie im Krieg wenig Schaden erlitten hatten, dass es keine Unstimmigkeiten mit ihren nächsten Nachbarn gab (die imstande wären, deren Existenz zu bedrohen) hatten die Georgier im Vergleich zu Armeniern und Aserbeidschanern mehr Chancen, ihrer Stimme Gehör zu verschaffen.

Im Vergleich zu den Armeniern konnten sich die Georgier in jedem Fall mit der Türkei und mit Aserbeidschan leichter einigen. Zudem gab es keine georgische Volksgruppe außerhalb Georgiens, deren Leben bedroht war. Die Armenier aber hatten Blutsbrüder in Aserbeidschan, und die Aseris welche in Armenien.

Die Georgier lebten friedlich im eigenen Land. Selbst wenn sie gewisse Grenzstreitigkeiten mit ihren Nachbarn hatten, so waren Behauptungen der Imperialisten deren Ursache; und diese Streitigkeiten könnten brisanter werden oder ganz verschwinden, ohne Georgiens Gegenwart oder Zukunft zu tangieren.

Die armenisch-türkischen und armenisch-tatarischen Beziehungen waren anders. Zwischen diesen bestanden seit Jahrhunderten andauernde Probleme, und es war unmöglich, sie ohne gravierende Zusammenstöße zu lösen. Die Türkei, die im Westen eine eindeutige Niederlage erlitten hatte, wollte im Nordosten ihre Zukunft gewährleisten und absichern. Und hier waren die Armenier zwischen Erzurum und Baku hineingeraten und kamen den Türken in den Weg.

Zwischen den Armeniern und den Aserbeidschanern gab es unlösbare Landstreitigkeiten. Es ging nicht darum, ein bis zwei Kreisstädte zu erobern, sondern darum, die geographische Kontinuität der Volksgruppe zu gewährleisten. Dieses Begehren bestand sowohl bei den Armeniern als auch bei den Aserbeidschanern. Armenien konnte ohne Scherur-Nachtschiwan, das den Tataren gehört, nicht existieren; und der Wert Nachtschiwans für Armenien ist ein anderer als die Bedeutung von Zakatala, Achilkelek und Lori, auf die Georgien Anspruch erhob. Darin bestand das Dilemma sowohl für Armenien als auch für Aserbeidschan.

Es wäre wohl für politisch reife Völker auch möglich, eine friedliche Lösung zu finden. Doch weder bei uns noch bei den Aserbeidschanern war eine solche Reife vorhanden; daher ist dieser Konflikt zur Quelle von gegenseitiger Feindschaft und Misstrauen geworden.

Die Georgier haben in der Absicht, ihre privilegierte Stellung zu festigen, die armenisch-türkischen und armenisch-tatarischen Streitigkeiten meisterhaft (krasser gesagt: opportunistisch) ausgenutzt.

Indem sie sich auf Türken und Tataren stützten, oder indem sie drohten, ihre Grenzen in diese oder jene Richtung zu korrigieren, versetzten sie uns jeweils in eine verzwickte Lage und zwangen uns, ihre Forderungen zu erfüllen. Und wenn sie ein Bündnis mit uns eingehen mussten, begannen sie gegen Aserbeidschan zu drohen.

Solches Verhalten, politisch gesehen eine reine Erpressung, hat den Georgiern Überlegenheit gegenüber ihren Nachbarn eingebracht und ihre Vorherrschaft gesichert.

Ich bin etwas vom Thema abgekommen, aber es ist notwendig für das Verständnis der Lage in Südkaukasien in jener Zeit.

Unsere Partei muss begreifen und in Erinnerung behalten, dass sie in den schwierigsten Tagen unter der Herrschaft der Sozialdemokratischen Partei Georgiens handelte, indem sie in deren Gefolgschaft dahinvegetierte.

7. Im September 1917 fand in Tiflis der Armenier-Kongress statt. Es wurde eine nationale Institution gegründet, die ihr eigenes Exekutivorgan hatte und die Bezeichnung Zentraler Nationalrat erhielt. Dieser Nationalrat fungierte später in Südkaukasien im Namen des armenischen Volkes und wurde schließlich zuständiger Repräsentant des ganzen Volkes.

Sowohl beim Kongress als auch beim Ausschuss und der Delegiertenversammlung hatte Daschnakzutjun die Vorreiterrolle gespielt.

8. Gegen Ende desselben Jahres fand in Südkaukasien die Wahl der Delegierten zur Allrussischen Konstituante statt.

Bei den Kampagnen der zu den Wahlen antretenden Parteien erhielten die menschewistischen Sozialdemokraten 12, Musawat 10 und die Daschnakzutjun 9 Sitze. Die Zahl der Sitze, die übrige Parteien erhielten, war unbedeutend.

Kraft ihres politischen Gewichts vertraten die drei Parteien die drei aufgezählten großen Volksgruppen, Georgier, Tataren und Armenier. Diese Wahlen machten deutlich, dass die stärkste, besser gesagt die einzige starke und organisierte Partei im Körper des armenischen Volkes die Daschnakzutjun war.

9. Die Allrussische Konstituante konnte nicht stattfinden. Im Oktober brach die bolschewistische Revolution aus. Sie war in Petrograd und in Moskau siegreich. Sie rief das Sowjet-Regime aus und untersagte die Konstituante, die sie als pro-bürgerlich einstufte.

Südkaukasien blieb der Februar-Revolution treu und erkannte die Sowjetmacht und das Sowjet-Regime nicht an.

Warum?

Weil die in unserem Randgebiet vorherrschenden Parteien eine Demokratie-Plattform mit breiter Basis bevorzugten, konnten sie einer Klassendiktatur, insbesondere einer Parteidiktatur nicht zustimmen. Zudem dachten sie, das Land sei nicht reif genug für ein sozialistisches geschweige denn für ein kommunistisches System (Überdies gab es in der Musawat-Partei nichts im Namen des Sozialismus). Die sozialistische Eigenschaft der Armenischen Revolutionären Partei Daschnakzutjun (ARP) war oberflächlich, sie war nicht in den Parteimassen verwurzelt. Und unter den georgischen Menschewiki war die nationalistisch-antirussische Strömung stark.

Zweitens: Die georgischen Menschewiki, die im politischen Leben in Südkaukasien die Richtung bestimmten, hatten sich von den Bolschewiki abgespalten und waren offen gegen sie.

Die Menschewiki, die ihren Vorurteilen (ihrer Ideologie) und der Generallinie ihrer Partei treu geblieben waren, wandten die Politik, die ihre russischen Genossen in Russland praktizierten, hier in gleicher Manier an. Und die Musawat, die in frenetischer Begierde Baku zu erobern wünschte und sich den Idealen des Panturkismus verschrieben hatte, wollte sich baldmöglichst von Russland trennen.

Die Armenische Revolutionäre Partei Daschnakzutjun, besorgt über eine eventuelle Errichtung einer tatarischen Herrschaft über Baku, war mit lokalen Bolschewiki in enge Beziehungen getreten und half ihnen. Aber in Tiflis konnte sie die Georgier und Tataren nicht ignorieren und praktizierte die bolschewistische Politik nicht. Selbst wenn sie dies gewollt hätte, wäre ihr das nicht gelungen.

Aber sie hatte auch keine Lust dazu. Denn die bolschewistische Ideologie und Taktik schien ihr nicht attraktiv.

Unsere Partei befand sich teils unter dem Einfluss interner Einschätzungen, teils unter dem Druck äußerer Faktoren, also dem Lager, das dem Bolschewismus entgegengesetzt war.

10. Wir müssen uns auch an die mittelmäßige und angespannte Haltung erinnern, die unsere Genossen in Baku darboten. Die Industriestadt Baku mit ihren Zehntausenden Proletariern und starken Arbeiterorganisationen hatte für die Entfaltung des Bolschewismus günstigere Voraussetzungen. In ganz Südkaukasien war Baku seit den ersten Tagen der Revolution das einzige Gebiet, wo die Bolschewiki eine zuverlässige Zufluchtsstätte hatten und solide Unterstützung finden konnten. Selbst nach der Oktoberrevolution hat es die Schaffung der Souveränität des Kommissariats für Südkaukasien nicht abgelehnt. In Wirklichkeit lag die Führung in der Hand zweier lokaler Organe, des Rats der Gesellschaftlichen Organisationen und des Rats der Arbeiterdeputierten.

Im ersteren dominierten den Bolschewiki entgegengesetzte Strömungen, im zweiten überwogen die Bolschewiki.

Unsere Partei hatte Vertreter in beiden Organisationen. Zwischen diesen beiden verschiedenartigen, voneinander unabhängigen Organisationen fand ein offener Machtkampf statt.

Zu Anfang war der Rat der Gesellschaftlichen. Organisationen stark (hier hatten gemäßigte Sozialisten mit den Liberalen stillschweigend einen Block gegen die Bolschewiki gebildet). Aber der Rat der Arbeiterdeputierten gewann von Tag zu Tag an Stärke und im Januar 1918 beherrschte die Situation. Dieser Sowjet wurde von Bolschewiken geleitet. Damals waren die Bolschewiken keine bedeutende Kraft; ihr Erfolg beruhte an sich auf der Verunsicherung im gegnerischen Lager.

Nur zwei Parteien - Musawat und Daschnakzutjun - hätten damals gegen die Bolschewiki eine wirkliche Macht darstellen können. Aber um im Kampf gegen den Bolschewismus erfolgreich zu sein, hätten diese beiden Parteien im Bündnis vorgehen müssen. Daran war aber gar nicht zu denken, denn von gegenseitigem Vertrauen konnte nicht die Rede sein. Daschnakzutjun begriff, ihre Unterstützung der Musawat wäre nur wegen der Bedrohung und der Gefahr durch die Bolschewiki erforderlich. Nach der Vertreibung der Bolschewiki hätte die Musawat die Daschnakzutjun als nächstes von der politischen Bühne vertreiben müssen. Zweifellos wären auch die Bolschewiki - nach der Beseitigung der Musawat mit Hilfe der bewaffneten Kräfte der Daschnakzutjun - ebenso vorgegangen. Gemäß der armenischen Gemeinde in Baku war die bolschewistische Diktatur derjenigen von Musawat vorzuziehen.

Das ist die Erklärung dafür, dass die Unsrigen in Baku zunehmend von der bolschewistischen Bewegung erfasst wurden und zu einer Art Stütze für diese wurden.

So wie wir uns in Tiflis ungewollt in die Hegemonie der Menschewiki begeben hatten, standen wir in Baku unter dem Einfluss der Bolschewiki. Was uns in beiden Fällen dazu getrieben hat, war die türkisch-tatarische Bedrohung. Mit unserer Unterstützung haben die Bolschewiki die Musawat in Baku versprengt (März 1918); und wir konnten mit den russischen Elementen der Bolschewiki Baku vor dem Angriff der Turk-Tataren schützen.

Später wurden, ebenfalls auf unsere Veranlassung, englische Truppen aus dem Iran hergebeten. Die kamen dann auch in letzter Minute, als die Bolschewiki sich anschickten, nach Russland zu fliehen und Vorbereitungen trafen, sich einzuschiffen. Hätten sich die Engländer in Baku richtig etablieren können, würden die Dinge vielleicht einen anderen Verlauf genommen haben. Die zahlenmäßige Schwäche der Engländer gab dem Volk kein Gefühl von Sicherheit; die sind darauf in die Boote gestiegen und in den Iran zurückgekehrt.

Wir blieben allein zurück. Die aserbeidschanische Regierung marschierte zusammen mit türkischen Militäreinheiten und Bewaffneten aus dem Volk in Baku ein. Man begann, die armenische Bevölkerung erbarmungslos niederzumetzeln. Genauso wie im März die moslemische Bevölkerung (in geringerem Ausmaß) bei den Zusammenstößen zwischen den Bolschewiki und der Musawat niedergemetzelt worden war. Diese Vorfälle ereigneten sich außerhalb Armeniens in einem Gebiet der Tataren, aber sie wirkten sich auf unsere politische Lage aus, brachte sie durcheinander und machte sie schwieriger. Die Tataren hetzten permanent die Türken gegen uns auf und drängten auf deren baldmöglichsten Einmarsch in Baku. Durch geschickte Manipulation schoben sie die Vorfälle während der März-Ereignisse den Armeniern in die Schuhe. Unsere Kontakte zu den Bolschewiki gefielen den Georgiern natürlich nicht: Sie sahen uns schief an und dachten, wir lauerten auf eine Gelegenheit, um den russischen Bolschewiki die Tore zu Südkaukasien zu öffnen. Auch betrachteten sie es als Verrat an der georgisch-deutschen/türkisch-tatarischen Politik, englische Truppen nach Baku zu rufen, zu einer Zeit, als die Deutschen, mit denen sie kokettierten, in Tiflis waren. Infolge der von uns in Baku verfolgten Politik begannen unsere Nachbarn, uns als unzuverlässige Verbündete zu betrachten. Und unsere Genossen in Baku stärkten ihre Stellung. Sie lockten die türkisch-tatarischen Truppen nach Baku, dachten, sie könnten so den Rest Armeniens vor türkischen Angriffen schützen und entwickelten in diesem Sinn ihre Politik.

Ich will rekapitulieren, indem ich die Ereignisse chronologisch ordne.

11. Ende November 1917 wurde die russische Armee an der Front in Kaukasien zunehmend demoralisiert und begann zu desertieren. Die Front zerfiel in erschreckendem Tempo.

Ende Januar existierte die Front nicht mehr. Unbedeutende armenische Truppen waren beauftragt, mit Überresten der Armee die Erzurum-Linie zu verteidigen.

12. Die Lage in Südkaukasien nahm eine bedrohliche Form an.

Die bolschewistische Revolution und der sich von Tag zu Tag ausweitende Bürgerkrieg hatten die Randgebiete endgültig von Russland abgetrennt.

Das Kommissariat, das die Verwaltung im Namen der provisorischen Regierung unter Kerenski innehatte, hat, den Boden unter den Füßen verloren nachdem diese Regierung gestürzt war. Es war notwendig geworden, eine neue Obrigkeit zu bilden, die in den Augen des Volkes Autorität hatte und die imstande war, die Staatsgeschäfte unabhängig und kompetenter zu erledigen. Eine solche Herrschaft wurde in Form des Sejms von Südkaukasien und dessen Regierung gegründet.

Der Sejm wurde aus Vertretern Südkaukasiens in der Allrussischen Konstituante gebildet (wobei diese Zahl mit drei multipliziert wurde). So erhielten im Sejm die Menschewiki (Georgien) 36, Musawat (Aserbeidschan) 30 und Daschnakzutjun (Armenien) 27 Sitze.

Der Sejm versammelte sich in Tiflis, der unbestrittenen Hauptstadt von Südkaukasien.

Bei der ersten Generalversammlung am 16. Februar 1918 wurde der Tätigkeitsbericht des Kommissariats verlesen und seiner Abdankung zugestimmt. Der Sejm wies darauf hin, dass die Kontakte zwischen unserer Region und Russland faktisch unterbrochen sind und dass man nicht wisse, wann sie wieder aufgenommen würden, und verkündete die Unabhängigkeit der Demokratischen Republik Südkaukasien. Der Sejm sei die einzige Behörde, die legislative Befugnis habe. In diesem Rahmen wurde J. Gegetschkori (georgischer Menschewik) die Aufgabe übertragen, eine provisorische Regierung (Ministerkabinett) zu bilden, die dem Sejm rechenschaftspflichtig sein würde.

Das bedeutete nicht Abspaltung von Russland sondern spiegelte bloß den Status quo wider und war provisorisch. International wurde Südkaukasien als ein untrennbarer Bestandteil Russlands betrachtet.

13. Türkische Armee-Einheiten, ermuntert durch die Auflösungserscheinungen der russischen Armee, organisierten sich rasch. Sie formierten sich und begannen, die Gebiete die sie verloren hatten, nacheinander zurückzuerobern. Zur selben Zeit unternahm die türkische Kommandoebene (Vahip Pascha) Initiativen in Sachen Verkündung einer Feuereinstellung und Aufnahme von Friedensverhandlungen.

Der Sejm fasste einen Beschluss zum Friedensschluss mit den Türken.

Die ersten Verhandlungen fanden im März 1918 in Trabzon statt. Die Daschnaken-Fraktion erreichte, dass das Selbstbestimmungsrecht der türkischen Armenier (einer von vier Absatzen) als gesonderter Absatz zu den Forderungen des Sejm hinzugefügt wurde.

Doch auf diese Forderung (die sehr unpräzis formuliert war und allerlei Kompromisse zuließ) haben die Türken prompt offiziell geantwortet und erklärt, dass die Frage der Selbstbestimmung der türkischen Armenier eine interne Angelegenheit der Türkei sei, in die sich niemand einmischen dürfe. Damit ließen sie durchblicken, dass sie jede Art von Verhandlungen abbrechen würden, falls wir das Thema der türkischen Armenier noch einmal zur Sprache brächten. Die Südkaukasier haben dieses Thema nie wieder angesprochen. Der Grund dafür war klar: Der Entscheid des Sejm war bloß eine Geste gegenüber den Armeniern. Der Sejm hatte ohnehin keinerlei Absicht, auf dieser Forderung zu beharren. Die Georgier waren nicht geneigt, sich unnötige Schwierigkeiten aufzubürden; und aus der Sicht der Aserbeidschaner waren die Interessen der Türkei wichtiger als diejenigen der Armenier, ja sogar im Vergleich mit der Zukunft der Republik von Südkaukasien. Natürlich konnten die armenischen Mitglieder der Delegation ihre eigenen Forderungen bei den Tataren und den Georgiern nicht durchsetzen. Gerechterweise muss man erwähnen, dass unsere damaligen Verbündeten (Georgier und Tataren), selbst wenn sie die Forderungen der Armenier innigst verfochten hätten, nicht hätten erfolgreich sein können. Das Kräftegleichgewicht lag zugunsten der Türkei, also gab es keinerlei Grund für Zugeständnisse. Dieser Umstand war uns (den armenischen Mitgliedern der Delegation) bekannt.

Die Grenzfrage war Gegenstand heftiger Verhandlungen und Debatten.

Die Türken waren der Meinung, dass die Grenze zwischen Südkaukasien und der Türkei durch das mit den Bolschewiki ausgehandelte Abkommen von Brest geregelt sei. Auch seien sie nicht nach Trabzon gekommen, um dieses Abkommen zur Debatte zu stellen, sondern um freundschaftliche Beziehungen mit ihren neuen Nachbarn, der Republik Südkaukasien, herzustellen. Die Südkaukasier kannten das Abkommen von Brest nicht und dachten, dass Gebietszugeständnisse gegenüber der Türkei in der Zuständigkeit der Völker Südkaukasiens lägen. Mit anderen Worten, die Delegation Südkaukasiens wollte die Legitimität der Sowjetregierung nicht anerkennen. (Sie begründete dies einerseits damit, dass diese Regierung nicht einmal in Russland selbst anerkannt sei, andererseits in Anlehnung an die während des großen Krieges verkündete Losung "Selbstbestimmung der Völker". Der wahre Eigentümer Südkaukasiens sei nicht eine Regierung Russlands, selbst wenn sie anerkannt wäre, sondern die Völker der Region selbst.

Es war sehr schwierig, diese Taktik zu vertreten, nicht bloß weil dies in der internationalen juristischen Ordnung neu und ungeklärt war, sondern weil die türkische Armee tagtäglich stärker wurde und die Armee Südkaukasiens sich in Auflösung befand. Und es ist kein

Geheimnis, dass bei internationalen Auseinandersetzungen der Stärkere im Recht ist.

Eine weitere Schwierigkeit, dieses Vorgehen zu vertreten, rührte daher, dass innerhalb der Delegation keine Einigkeit bestand.

Die Georgier waren primär an Batum und Acara interessiert. Um dieses Gebiet (ganz oder teilweise) zu retten, waren sie geneigt, Kars und Ardahan den Türken zu überlassen.

Im Gegensatz dazu brauchten die Armenier Kars. Um Kars zu gewinnen, waren wir bereit, große Zugeständnisse bezüglich Adscharistan (Gebiet um Batum am südöstl. Schwarzen Meer, später ASSR, Teil der Grusinischen Sozialistischen Sowjet-Republik - d. Übers.) zu machen. Und die Aserbeidschaner, als die vierte (oder wenn man Dagestan dazuzählt, die fünfte) Republik der Südkaukasischen Föderation, wollten, dass Adscharistan als neue moslemische Republik gegründet werde. Andernfalls wollten sie, dass es der Türkei und nicht Georgien angeschlossen werden solle.

In Sachen Kars und Ardahan vertraten die Aserbeidschaner voll die Ansicht der Türken. Sie betrachteten Kars und Ardahan als türkisches Territorium und fanden, dass es natürlich wäre, dass diese an die Türkei angeschlossen würden.

Die Türken hatten beachtliche Kenntnisse über unsere Meinungsverschiedenheiten und verharrten auf ihren Standpunkten.

Es gab auch noch ein weiteres Thema, das zu scharfen Debatten Anlass gab: Die Türken verlangten, dass man verkünde, Südkaukasien habe sich von Russland getrennt. Sie meinten, erst danach sei ein Abkommen mit uns möglich.

Die Delegierten Südkaukasiens erklärten eindringlich, Südkaukasien habe sich physisch getrennt und sei faktisch unabhängig. Die Türken aber hielten sehr wohl berechtigt dagegen, dass für die Unterzeichnung eines zwischenstaatlichen Abkommens der faktische Zustand nicht ausreiche, dass eine juristische Grundlage dafür notwendig sei und dass dafür gewisse Formalitäten erfüllt sein müssten.

Die unergiebigen Verhandlungen dauerten genau einen Monat. Die Türken waren für die Verlängerung der Gespräche, sonst hätten sie sie jederzeit abbrechen können. Die Zeit verstrich, unsere militärische Stärke und Verteidigungsfähigkeit schwand permanent, die der Türken nahm zu. Während wir in Trabzon Versammlungen abhielten und uns mit Korrespondenzen abmühten, rückte die türkische Armee ungehindert vor. Ende März nahmen sie Erzurum und Anfang April Batum ein.

Trotzdem gab der Sejm die Niederlage nicht zu.

Als dem Sejm klar wurde, dass die Türken in keinem Punkt, der in dem Abkommen von Brest stand, Zugeständnisse machen würden, zog er seine eigene Delegation zurück, und die Verhandlungen in Trabzon wurden abgebrochen (was sie als "Unterbrechung" bezeichneten).

14. Die internen Meinungsverschiedenheiten, die man schon am ersten Tag im Sejm und in der Regierung der Föderation erlebte, kamen in dieser Periode noch deutlicher zum Vorschein.

Die Erfolge der Türken ermunterten die Aserbeidschaner; ihre Delegation hatte Gelegenheit, in Trabzon länger mit den Türken zu verhandeln und mit den Türken einen gemeinsamen Plan auszuarbeiten (und sie hat diese Gelegenheit natürlich genutzt). Im Sejm verheimlichten die Aserbeidschaner nicht, dass sie zu den Türken hielten. Sie vertraten die Ansichten der Türkei, bauten sie aus und forderten baldmöglichste Trennung Südkaukasiens von Russland, weitgehende Zugeständnisse an die Türkei, eine Einigung mit dieser und die Einstellung des Krieges. Sie erklärten, dass ihre Gefühle als moslemische Demokraten sie an einer aktiven Teilnahme am Krieg gegen die Türken hinderten.

Solche Worte, die ein Sprecher, Mitglied der Musawat, vom Podium des Sejm sprach, hätte man so auslegen müssen, dass Südkaukasiens Tataren nicht nur nicht in den selben Reihen mit uns kämpfen würden (was sie faktisch nie getan haben und schon gar nicht an der Türkei-Front), sondern sogar gegen uns.

Die Georgier waren, wie die menschewistische Fraktion, im Grunde unschlüssig.

Unter ihnen gab es zwei Strömungen, zwei unterschiedliche Tendenzen (die Tendenz zu Russland und die Tendenz zu Deutschland und der Türkei). Jene, die zu Russland tendierten, wollten nicht eindeutig eine Abspaltung, aber weil sie der Meinung waren, das Abkommen von Brest sei entschieden unannehmbar, dachten sie, dass unter diesen Umständen der Krieg tauglicher sei als der Frieden. Jene, die die zweite Strömung vertraten, waren gegen Russland; sie empfanden die von Russland ausgehende Bedrohung gegen Georgien im Vergleich zur türkischen als erheblicher. Daher waren sie bereit, die größten Zugeständnisse zu machen, um mit der Türkei zu einer Einigung zu kommen. Offen gesagt, indem sie auf Kosten Armeniens Zugeständnisse machten, hofften sie, wenn nicht ganz Adscharistan, so doch wenigstens Batum und den Hafen dort zu retten.

Die Armenier (die Daschnaken-Fraktion im Sejm) waren nicht für die Trennung von Russland und erwarteten auch nichts Gutes von der Türkei. Die Armenier waren dafür, die türkischen Angriffe mit Waffengewalt zu stoppen, denn sie waren der Meinung, sie seien am meisten (vielleicht auch als die einzigen) betroffen und hofften immer noch, einen militärischen Erfolg zu erreichen.

Im April trat das Armenisch-Nationale Parlament zusammen und behandelte das Thema. Trotz der Erklärung, die der Autor dieser Zeilen dort präsentierte, wurde beschlossen, das Abkommen von Brest abzulehnen und den Krieg fortzusetzen. Doch es sollte nicht zur Durchführung dieses Beschlusses kommen, denn wir beherrschten die Lage nicht. Selbst unser eigenes Los lag nicht in unserer Hand.

Das Zögern der Georgier dauerte nicht lange. Im Sejm gewann die deutsch-türkische Strömung die Oberhand, und am 22. April verkündete der Sejm mit Pauken und Trompeten die Abspaltung von Russland. Bei dieser Gelegenheit hielten georgische und tatarische Führer bei der Sejm-Versammlung rührselige Reden. Die Daschnaken-Fraktion schloss sich dem Vorschlag zur Abspaltung an, hielt aber keinerlei Vortrag dazu.

Es war für uns nicht leicht, dieser Abspaltung zuzustimmen. Es gab aber keinen anderen Ausweg. Hätten wir opponiert, so wäre die Föderation Südkaukasien auseinandergebrochen, die Georgier und Tataren hätten sich geeinigt, hätten mit den Türken Frieden geschlossen, und wir wären allein geblieben; und vor uns hätte die türkische Armee gestanden. Selbst wenn Russland (pro-bolschewistisch oder antibolschewistisch) damals gewollt hätte, hätte es uns nicht helfen können. Wir waren nicht nur allein, hinter unserer Front war keine Einöde, denn es war klar, das neben den Türken auch die Aserbeidschaner (und man konnte nicht wissen, um Ahikelek, Lori, Pembek endgültig zu erobern, vielleicht auch die Georgier) auf uns losgehen würden. Wir, die die Föderation Südkaukasien am meisten benötigten, wollten nicht, dass sie auseinanderbräche. Deshalb haben wir uns unseren Nachbarn angepasst.

15. Am 25. April fiel Kars, fast kampflos, denn aus Tiflis war Weisung gekommen, die Festung sei den Türken zu übergeben. Diese verräterische Weisung war ohne unser Wissen erteilt worden und hatte beim Volk heftige Reaktionen hervorgerufen. An dem Tag hing das Los der Bundesregierung an einem Seidenfaden.

Aber der Groschen war gefallen. Kars, unser strategisch wichtigstes Gebiet, war nun in der Hand der Türken; da gab es kein Zögern, keinen Aufschub mehr. Als Ausgangspunkt stimmte der Sejm dem Abkommen von Brest zu und beschloss, die in Trabzon unterbrochenen Verhandlungen wieder aufzunehmen.

Die neue Phase der Verhandlungen wurde in den ersten Mai-Tagen in Batum (bis dahin hatten sich die Türken dort endgültig niedergelassen) begonnen. Dieses Mal sprachen die Türken anders. Mit dem Abkommen von Brest waren sie nicht mehr befriedigt. Nach den Verhandlungen von Trabzon sei wieder Blut vergossen worden, und das sei wiedergutzumachen. Im Grunde forderten sie weitere Zugeständnisse auf Kosten von Armeniens Territorium. Es begannen wieder lange und müßige Verhandlungen. Das Abkommen von Brest, dessen Namen wir vor ein paar Monaten nicht einmal hören wollten, war nun zu unserer einzigen Forderung geworden. Aber es war unmöglich, die Türken zu überzeugen. Sie hatten uns im Griff und wollten nicht loslassen.

Am 15. Mai überschritten türkische Truppen Arpatschaj (gemäß dem Abkommen von Brest war das die Grenze) und besetzten ein paar Stunden später Gümrü und marschierten auf Karakilise zu.

Es war ein unerträglicher Zustand.

Auch Tiflis, die Hauptstadt Georgiens und Südkaukasiens war bedroht. Bei den in Batum laufenden Verhandlungen gab es aber keine Fortschritte.

16. Die Meinungsverschiedenheiten im Sejm waren mit keinerlei Zugeständnisse beizulegen. Ein Krach war unvermeidlich.

Die Georgier waren imstande zu sagen, wir seien unnützer Ballast auf ihren Schultern. Ohne uns könnten sie ihre Angelegenheiten leicht erledigen. Und die Aserbeidschaner hatten nur einen Wunsch: sich so bald wie möglich mit den Türken zu vereinigen und nach Baku einzuziehen. Nach dem Sieg der Türken benötigten die Aserbeidschaner die Föderation Südkaukasien nicht mehr. Sie brauchten die Georgier nicht. Und die Armenier betrachteten sie als Feinde.

Der Augenblick der Auflösung war da.

In Anbetracht grundlegender Meinungsverschiedenheiten der Völker Südkaukasiens in Sachen Krieg und Frieden löste sich am 26. Mai der Sejm auf und trat ab.

Am selben Tag im selben Gebäude verkündete die Georgische Nationalversammlung mit großer Geste die Unabhängigkeit Georgiens.

Einen Tag später unternahm Aserbeidschan den gleichen Schritt.

Armenien war nun an der Reihe.

Hätten wir die Unabhängigkeit proklamieren sollen? Hatten wir die Möglichkeit, einen eigenen Staat zu gründen und ihn am Leben zu erhalten?

Diese Fragen sind in einem lächerlichen Grad überflüssig. Um Ende Mai 1918 Wahlen durchzuführen war weder der Ort noch die Zeit. Die Geschichte hatte uns in eine bestimmte Situation gestoßen. Wir mussten uns aufraffen und eine Lösung finden, denn wir wollten nicht ausgelöscht werden. Wir mussten auf Armenien Anspruch erheben, sonst hätten wir es für immer verloren. Das geringste Zögern könnte es zu einem *res nullius* (Gegenstand ohne Besitzer) werden lassen, und in dieser Lage würden wir zum Beutegut unserer Nachbarn, der Türken, Georgier und Tataren werden.

Am 28. Mai, zu später nächtlicher Stunde, erklärte der Nationale Zentralrat Armenien zum unabhängigen Staat und sich selbst zur höchsten souveränen Behörde dieses Staates.

Der Rat hatte von der Nationalversammlung dazu keine Ermächtigung erhalten. Trotzdem zögerte er nicht vor einem solchen formalen Hindernis und später fiel es niemand ein, ihn der Überschreitung seiner Befugnis zu bezichtigen. Jedem war bewusst, dass es keinen anderen Ausweg gab.

17. Am 22.-26. Mai fand die Schlacht von Serdarabad und am 25.-28- Mai die Schlacht von Karakilise statt. Das armenische Volk

hatte alle Kräfte aufgeboten, um seine Existenz zu schützen. Fraglos haben diese Schlachten, dieser entschlossene Widerstand (insbesondere im Umkreis von Karakilise), den die Volksmassen leisteten (denn eine Armee gab es nicht mehr), unsere Bedeutung in den Augen der Türken entsprechend erhöht und Möglichkeiten für einen Friedensschluss geschaffen.

Diesmal kehrten armenische Delegierte, die im Namen der Republik Armenien auftraten und die durch den Nationalen Rat ermächtigt waren, nach Batum zurück, und am 4. Juni wurde das Abkommen unterzeichnet.

Das war eine neue Epoche im Leben des armenischen Volkes, eine Epoche der Wiedergeburt der Staatsordnung, die vor sehr langer Zeit verloren gegangen war.

18. Am 1. August nahm das armenischen Parlament in Eriwan seine Arbeit auf, und die erste Regierung wurde gebildet.

Die Versammlung wurde gegründet, indem die aktuelle Zahl der Mitglieder ebendieses Nationalen Rates auf das Dreifache erhöht wurde. Hinzu kamen noch 6 Moslems, 1 Russe und ein Jezide.[2] Die Mehrheit gehörte der ARP Daschnakzutjun an. Weil unsere Fraktion 18 von 47 Stimmen hatte und mit keiner anderen Fraktion einen Block bilden konnte, spielte sie im Parlament keine zentrale und politisch keine bedeutende Rolle.

Auch die Regierung war nicht beständig. Im Verlauf von 10 Monaten wechselte der Ministerrat vier Mal. Aber der Premier dieser Regierung war immer dieselbe Person.

Die erste Regierung, die gebildet wurde, war eine Koalition (Daschnaken, Kadetten, und ein unabhängiger Kriegsminister). Die Koalitionsregierung hatte keine solide Basis, denn sie hatte keine gesicherte Mehrheit im Parlament (die Kadetten trennten

2 Gemeint ist ein kurdischer Jezide. (Anm. d. Übers.)

sich oft von den Daschnaken). Und das Wichtigste war, dass zwischen den Parteien, die die Koalitionsregierung bildeten, keine bestimmte Übereinkunft bezüglich des Programms bestand. Und die Haltung unserer Partei gegen die Regierung stellte dabei auch ein Hindernis dar.

19. Ich möchte noch einen Fehler hier ansprechen, den ich für sehr wichtig erachte, und den ich nachfolgend darlegen werde.

Armenien war eine demokratische Republik. Daschnakzutjun war nicht nur nicht dagegen, sondern sie hat darauf bestanden. Die Republik hatte Gremien, wie sie in demokratisch-parlamentarische Staaten üblich sind; es gab ein Organ der Legislative, das sich aus Volksvertretern und einer, diesen rechenschaftspflichtigen, Regierung bestand. Das Parlament setzte sich zu jener Zeit aus Vertretern von vier aktiven Parteien und ethnischen Minderheiten zusammen, später wurde es nach demokratischen Prinzipien (Fünf-Elemente-Wahlsystem) gebildet. Die Regierung erhielt ihre Befugnis von der Legislative und war ihr gegenüber verantwortlich (in Armenien gab es keinen Staatspräsidenten).

Formal war das so.

In Wirklichkeit war es aber anders.

In der Realität wollte unsere Partei sowohl die Legislative als auch die Regierung unter ihre Kontrolle bringen. Eine Diktatur offen zu erklären, hatten wir nicht den Mut (und auch keine Möglichkeit). Und im parlamentarischen Rahmen wollten wir auch nicht bleiben. Wir versuchten in Armenien, einer Linie der Einheit zu folgen (Parteidiktatur unter dem Banner demokratischer Verwaltung).

Im Ergebnis war die Staatsgewalt in strikt unzulässiger Weise doppelspurig: sie lag offiziell beim Parlament und bei der von diesem bestimmten Regierung, faktisch aber lag sie bei der Partei und deren Organen.

Natürlich behinderten sich diese offiziell und inoffiziell ausgeübten Staatsgewalten gegenseitig. Die offiziellen Regeln ließen nicht zu, dass die Partei frei und rasch handelte, und ermöglichten ihr nicht, den eigenen Willen durchzusetzen. Und das Eingreifen der Partei behinderte die Regierung, in der Weise zu verfahren, wie sie es für richtig hielt. Dieser Zustand erschwerte dic Bildung einer Koalition außerordentlich. In der Tat waren die anderen Elemente der Koalitionsregierung genötigt, eine Politik durchzuführen, die nicht die ihre war, die in Parteigremien bestimmt wurde, in denen sie nicht intervenieren konnten.

Im vergangenen Sommer habe ich, im Sinne der vom zuständigen Parteiorgan gestellten Aufgabe, zu diesem heiklen Thema einen Bericht verfasst und der Generalversammlung (dem Parteikongress) vorgelegt. Mein Bericht wurde bei der Regionalversammlung in Konstantinopel vorgetragen

Hier will ich mich auf ein paar Zeilen beschränken.

20. Im vergangenen November wurde der allgemeine Frieden verkündet. Deutschland und seine Verbündeten haben eine Niederlage erlitten. Die deutschen Truppen verließen eilig Georgien. Und die Türken zogen sich hinter ihre ehemaligen Grenzen zurück.

Gegen Ende des Monats marschierten englische Truppen - Truppen unserer Verbündeten - in Batum ein. Wir begannen, neue Hoffnungen zu hegen, dass unsere Lage in Südkaukasien grundlegend verändert werden würde. Denn die Sieger und jene, die in Tiflis die deutschen Truppen ablösten, waren unsere Verbündeten. Und wir hatten in denselben Reihen gegen den gemeinsamen Feind gekämpft. Wir würden im Vergleich zu den Georgiern, die mit den Deutschen kokettierten, und den Aserbeidschanern, die offen auf der Seite der Türken gestanden hatten, in den Genuss einer besonderen Freundschaft der Engländer kommen.

Wir hatten uns erneut getäuscht. Die Engländer machten keine Unterschiede, als ob es ihnen nicht bekannt wäre oder sie es vergessen hätten, dass wir ihre Verbündeten waren. Ihre Großzügigkeit, die sie gegenüber Georgiern und Aserbeidschanern zeigten, war gewiß eine unerwartete und unverständliche Situation. Natürlich gefiel uns diese Haltung der Engländer nicht, und wir dachten, sie seien treubrüchig. Das war die einfachste Methode, uns diese unverständliche Lage zu erklären. Wir sind zum Schluss gekommen, sie seien treubrüchig, und waren beruhigt. Wir haben aber nicht die Gründe für diesen Treuebruch untersucht.

21. Anfang Dezember brach ein Krieg zwischen Georgien und der Türkei aus, der nicht sehr lange dauerte. Als die Türken von Gümrü aus auf Pembek zu marschierten und Karakilise eroberten, haben die Georgier davon profitiert und haben Truppen in die armenische Region Lori verlegt. Als sich aber die Türken zurückzogen, wollten die Georgier nicht räumen. Sie wollten im Gegenteil alles dransetzen, um ihre Position dort zu festigen.

Sie schlugen die Proteste der Bevölkerung der Region erbarmungslos nieder. Lori wurde zu einem Konflikt, zur akutesten Grenzstreitigkeit zwischen Armeniern und Georgiern.

Um auf uns Druck auszuüben, schnitt uns Georgien faktisch von der Außenwelt ab und sperrte uns in unseren eigenen Grenzen ein. Selbst der Weizen, der gebracht wurde, damit wir in die Lage versetzt würden, unsere Flüchtlinge zu ernähren, stieß in Georgien auf vielerlei Hindernisse und konnte seinen Zielort nicht erreichen.

Georgien besetzte Lori und sperrte die Eisenbahnlinie. Wir standen unter Belagerung. Das war ein wirklicher Kriegsgrund. Und die harten Maßnahmen der georgischen Regierung gegen den Auf-stand armenischer Dörfer ergaben einen akuten Kriegsgrund. Als ob die Regierung nach einem Vorwand suchte, um die Armenier abzuschlachten.

Und der Affront der russischen Offiziere, die in unserer Armee dienten, spielte eine gewisse Rolle. Die Regierung Georgiens versuchte bei jeder Gelegenheit das russische Element (das in Tiflis recht stark war) zu schwächen, seinen Einfluss zu mindern und seinen Staatsapparat zu nationalisieren. In dieser Absicht entfernte sie russische Beamte und Offiziere vom Dienst und schob sie massenweise aus Georgien ab.

In unserer Armee diente eine große Zahl russischer Offiziere, die zu Tiflis (vielleicht auch zu Denikins Freischaren) viele Verbindungen hatten. In der Absicht, eine feindliche Atmosphäre zu erzeugen, die erforderlich ist, um eine Militäroperation zu beginnen, haben sie möglicherweise unsere Soldatenkreise aufgestachelt. Der Krieg dauerte nur drei Wochen. Am 31. Dezember intervenierten die Engländer, und es wurde Frieden hergestellt. Lori wurde provisorisch zur neutralen Zone erklärt, und dort wurde eine gemeinsame armenisch-georgische Verwaltung unter der Kontrolle eines englischen Kommissars eingerichtet.

So endete der Krieg aus unserer Sicht positiv. Wir hatten teilweise unser Ziel erreicht (die Eisenbahnverbindung wurde dank englischer Präsenz wiederhergestellt). Trotzdem zwang uns dieser Krieg, über viele Aspekte nachzudenken. Wir, alles in allem 4 bis 5 Monate ein Staat, und ein Land, dass massenhaft Bedürfnisse hatte, hatten einen Krieg entfacht. Mit unserem Nachbarn, zu dem wir engste Beziehungen hätten haben sollen, hatten wir Krieg geführt. Denn nur über Georgien konnten wir Verbindungen zur Außenwelt herstellen.

Wir waren uns dessen bewusst und wollten ehrlich in freundschaftlicher Atmosphäre mit den Georgiern leben. Wir haben es aber nicht geschafft. In dieser Sache hat neben der feindseligen Haltung des unabhängigen Georgiens uns gegenüber, unsere eigene Schwäche, unsere eigene politische Inkompetenz und unsere Unfähigkeit, den Staatsapparat zu leiten, eine wichtige Rolle gespielt.

22. Ich muss auch noch an die anhaltenden Kriege erinnern, die wir an unseren nordöstlichen Grenzen und im Landesinneren führten.

Wir waren mit Aserbeidschan offiziell im Krieg, denn faktisch kämpften wir im Karabag. In Kazak verstrickten wir uns oft in Auseinandersetzungen. Und im Land selbst hatten wir bei Akbaba, Zod, Zengibasar, Wedibasar, Scherur-Nachtschiwan, Sengesur und zahlreiche andere blutige Schlachten mit der moslemischen Bevölkerung.

Und die Haltung Aserbeidschans uns gegenüber war diesbezüglich erwiesenermaßen feindselig. Auch ist unstrittig, dass die moslemische Bevölkerung einer staatsfeindlichen Linie folgte, wozu sie von der Türkei und Aserbeidschan ermutigt wurde. Wichtig ist, dass es uns weder im Inneren noch nach außen nicht gelungen ist, die notwendigen Vorkehrungen zu treffen, um unsere Lage zu stabilisieren. Es ist uns nicht gelungen, einen mehr oder weniger annehmbaren *modus vivendi*[3] zu finden. In den moslemischen Gebieten waren wir nicht imstande, mit Verwaltungsmaßnahmen Ordnung herzustellen. Wir waren gezwungen, Waffen zu gebrauchen, die Armee aufzubieten, abzureißen, Massaker zu veranstalten. Und sogar damit waren wir erfolglos, was zweifellos das Prestige der Regierung erschüttert hat. In wichtigen Regionen wie Wedibasar, Scherur-Nachtschiwan konnten wir selbst mit Waffengewalt keine eigene Regierung errichten. Wir wurden besiegt und zogen uns zurück.

23. Am 28. Mai 1919, am Jahrestag unserer Unabhängigkeit, erklärte das Parlament Armenien als "vereinigt", mit anderen Worten, es verkündete, dass Gebiete, die eventuell noch aus tückischer Herrschaft zu retten waren, zum vorhandenen armenischen Territorium hinzugeschlagen würden. Dieser Schritt wurde von einem

3 Modus vivendi: Form des Zusammenlebens, Zwischenlösung (Anm. d. Übers.)

Teil der Armenier in der Türkei als Beraubung ihrer Rechte eingestuft, den sie meinten, dies sei für die Armenierfrage in der Türkei äußerst gefährlich. Sie haben großen Lärm gemacht, sie haben Einspruch erhoben, und die Armenierfrage in der Türkei und die Armenierfrage in Russland wurden erneut einander gegenübergestellt. Das liberale Bürgertum sowohl im Land selbst als auch im Ausland hat dieses Vorgehen als eigenmächtigen Erlass von Daschnakzutjun bezeichnet und begann, ihr gegenüber mit noch größerer Verärgerung zu reagieren.

Diese Einwände und Sorgen waren unbegründet. Es war nicht die Rede von einer Raubabsicht, von einer Verschwörung der Partei, und es stellte sich später heraus, dass dieser Schritt für die Armenierfrage in der Türkei keinerlei Schaden bedeutete. Die Mai-Deklaration hat die Armenierfrage in der Türkei nicht im Geringsten tangiert, sie wurde eigentlich von niemandem wahrgenommen.

Die Absichten der Verfasser dieser Deklaration, das Gewicht von Armeniens politischen Verbindungen zu erhöhen und seine diplomatischen Aktivitäten in Europa zu erleichtern, stellten sich später als leere Hoffnungen heraus. In den Augen der europäischen Diplomatie hatte sich die Lage in keiner Weise verändert. Eine einzige Deklaration unserer Regierung, dieses einfache Protokoll, das nicht etwa notwendige Aktivitäten unterstütztte, konnte die Macht der Fakten nicht verändern. Anschließend an diese Deklaration konnte man erwarten, dass sich unsere nationale Delegation in Paris auflöste, aber auch das blieb aus. Nach dem 28. Mai setzten zwei diplomatische Vertretungen (Delegation der Republik und die nationale Delegation), die damit beauftragt waren, sich für dasselbe Thema an denselben Orten und in den selben Kreisen zu verwenden, doppelspurig ihre Tätigkeit fort. Da wurde es noch schwieriger, den Streit dieser zwei Organe um Befugnisse zu schlichten. So zerfiel unsere geschlossene Front in Europa. Gleichzeitig wurden in Armenien selbst die Chancen auf eine Koalition mit liberalen Elementen zunehmend verbaut, und deshalb wurde unsere Partei weiter isoliert.

Die psychologischen Gründe, die uns dazu veranlassten, die Deklaration eines Vereinigten Armeniens zu publizieren, sind leicht zu erklären.

Auch die Erwägungen, die dazu führten und die Deklaration rechtfertigen, kann man verstehen. Tatsache aberist, dass diese Deklaration keinerlei positive Ergebnisse gebracht hat; sie hatte aber gewiss negative Folgen (interne Meinungsverschiedenheiten und Auseinandersetzungen).

24. Am 1. August 1919 nahm Armeniens Parlament an Stelle der Versammlung die Tätigkeit auf. Die Parlamentswahlen wurden im Rahmen eines demokratischen Systems (allgemeine, gleiche, direkte und geheime Wahl und proportionale Vertretung) durchgeführt. Eigenartig und verwirrend war, dass in einem demokratischen Gremium von 80 Mitgliedern 72 (das heißt 92 Prozent) Daschnaken waren; von den anderen politischen Parteien gelang es nur jenen von den EsEr[4] vier Sitze zu erhalten. Dieser Sieg hat uns Daschnaken den Kopf verdreht, wir begriffen nicht, dass dies in Wirklichkeit die Karikatur eines Parlaments war. Wir begriffen nicht, dass diese Wahlen bewiesen, dass unser Volk für ein unabhängiges politisches Leben noch nicht herangereift war. Wir waren uns nicht bewusst, dass unser parlamentarischer Sieg eigentlich kein Sieg, sondern eine Niederlage war; dass wir den Boden unter den 72 Leuten, die wir im Parlament placierten, dass wir den Boden der Demokratie verloren hatten.

Wir verstanden nicht, dass wir mit der Eroberung der Macht auch alle Verantwortung übernommen hatten. Dabei waren wir nicht darauf vorbereitet und hatten keine Fachkräfte. Wir begriffen

4 *EsEr* - *SR* - Schreibweise gemäß Aussprache - Gruppe der Sozial-Revolutionäre.

auch nicht, dass das Vorhandensein einer starken Opposition allein schon deshalb unumgänglich ist, um uns zu erziehen und zu verhindern, dass wir uns über Recht und Ordnung hinwegsetzten. Wir begriffen auch nicht, dass wir, indem wir unsere Parteiversammlungen in den Parlamentssaal trugen, unser Dasein als Partei beendet hatten.

In Armenien existierte kein Parlament mehr. Es gab nur seine Form ohne Inhalt.

Die Staatsgeschäfte wurden hinter verschlossenen Türen, im Zimmer der Daschnaken-Fraktion verhandelt, und danach wurden sie vom Parlamentspodium verkündet. Eigentlich gab es auch keine Palamentsgruppe. Die war auch unter strikter Kontrolle des Daschnakzutjun-Büros und musste dessen Direktiven ausführen. Es existierte auch keine Regierung; auch diese war dem Büro angeschlossen und war eine Art Exekutivorgan des Büros im Staat. Das war ein bolschewistisches System. Aber was die Bolschewiki konsequent und offen taten, versuchten wir mit dem Mantel der Demokratie zu verhüllen.

25. In den ersten Tagen des Mai 1920 fanden bolschewistische Kundgebungen und Aufstände statt.

Diese Bewegung wurde ohne viel Mühe unterbunden, denn sie hatte keine Stütze; in unserem Land kannte man so etwas wie den Bolschewismus nicht, auch von außen kam keine Unterstützung.

Trotzdem war das eine interessante Lage. Eine Gruppe junger Bolschewiki (sogar in Eriwan, vor der Nase der Regierung) konnte lautstarke Demonstrationen veranstalten, in der Armee Propaganda machen, die Eisenbahnstation in Gümrü besetzen und einen plombierten Zug beschlagnahmen.

Das zeigt, dass die Regierung leichtfertig, schwach und unwissend war.

26. Auch, was nach diesen Ereignissen oder damit zusammenhängend passierte, führte zu einer Art *Coup d'Etat*.[5] Ausgestattet mit diktatorischen Vollmachten, übernahm das Daschnakzutjun-Büro (auch "Büro-Regierung" genannt) die Stelle der parlamentarischen Regierung.

Man hatte alle legalen Prozeduren eingehalten, und der ganze Prozess verlief im parlamentarischen Rahmen. Das Parlament stimmte am 5. Mai dem Rücktritt von A. Hatisow (der auf Antrag des Büros auf die Tagesordnung kam) zu und beauftragte Dr. A. Ogandzanjan, eine neue Regierung (gemäß Weisung des Büros) zu bilden. Bei der gleichen Sitzung legte Ogandzanjan die fertige Liste der Minister vor, auf der alle Mitglieder des Daschnakzutjun-Büros erschienen. Sonst war niemand auf der Liste. Das Parlament bestätigte die Liste. Später suspendierte es für eine gewisse Zeit seine Sitzungen und übertrug für diese Zeit, auch alle Vollmachten an die Regierung.

Das armenische Parlament (d.h. die Daschnaken-Fraktion, also das Büro selbst) überreichte der Daschnakzutjun die Herrschaft eines Diktators.

Dies widersprach den Beschlüssen des 9. Parteitags von Daschnakzutjun.

Eines war sicher: Damit hatte sie die Situation der Zweigleisigkeit aufgehoben, die hässlichen Aktivitäten hinter den Kulissen waren unnötig geworden, die Sachlage wurde ans Tageslicht befördert und hat ihr wahres Gesicht gezeigt. Dass die Partei das Land unverhohlen regierte, war dem Zustand vorzuziehen, dass sie dasselbe im Geheimen tat.

27. Im Spätherbst brach der Krieg zwischen Armenien und der Türkei aus. Dieser Krieg hat dazu geführt, dass wir endgültig zusammenbrachen.

5 Coup d'Etat-Staatsstreich.

Hätten wir dem Krieg ausweichen können? Mit großer Wahrscheinlichkeit nicht.

Die Türkei, die im Jahr 1918 große Niederlagen erlitten hatte, hatte zwei Jahre Zeit, um sich zu erholen. In diesen zwei Jahren haben sich die Türken wieder aufgerichtet. Es trat eine neue, junge Generation hervor, die aus patriotischen Gefühlen handelte und begonnen hatte, in Anatolien die eigene Armee neu zu organisieren. In der Türkei war das nationale Bewusstsein und der Instinkt zur Selbstverteidigung erwacht. Um ihre Existenz in Kleinasien in irgendeiner Weise gewährleisten zu können, mussten sie sich mit Militärgewalt gegen das Abkommen von Sèvres wehren. Es war klar, dass diese Kampfbereitschaft sich nicht im Nordosten sondern im Südwesten äußern werde.

Aber um ihre Kräfte dorthin zu verlegen und die Front gegen Griechen halten zu können, mussten sie die Hinterfront gegen Armenien sichern. Vielleicht benötigten sie auch das in den Lagern von Kars und Gümrü reichlich vorhandene militärische Kriegsgerät. Vielleicht wollten sie auch erst ihre Kräfte gegen einen schwächeren Feind testen und für eine ernsthaftere Operation sich ihrer Kräfte sicher sein. Niemand kann mit Sicherheit sagen, ob die Türken derlei Empfindungen und Absichten hegten. Aber es ist ziemlich wahrscheinlich, dass ein Krieg unvermeidlich war (die Türkei brauchte diesen Krieg). Trotz dieser Mutmaßungen ist ein Umstand unumstritten: Wir haben nicht alles Nötige getan, um den Krieg zu vermeiden. Von den Folgen abgesehen, wir hätten mit all unseren Kräften darauf hinarbeiten sollen, um Voraussetzungen für ein gemeinsames Abkommen mit den Türken zu schaffen.

Und genau das haben wir nicht getan.

Wir haben das aus sehr klaren und einfachen Gründen nicht getan: Wir wussten nicht, über welche Kräfte die Türkei verfügt und waren unserer Kräfte sehr sicher. Wir fürchteten uns nicht vor dem Krieg, denn unsere Überzeugung, dass wir siegen würden war unerschütterlich. Wir hatten keine Kenntnisse darüber, welche Kräfte die Türken an unserer Grenze massiert hatten, und trafen nicht die notwendigen Maßnahmen. Im Gegenteil, als wir überraschend Oltu einnahmen, war das eine Provokation gegenüber der Türkei, so als ob wir selbst den Krieg wünschten.

Als an unseren Grenzen Militäroperationen begannen, schlugen die Türken vor, sich mit uns zu treffen und Verhandlungen aufzunehmen. Und wir wiesen ihren Vorschlag ab. Das war ein großer Fehler. Das bedeutete nicht notwendigerweise, dass die Verhandlungen mit Erfolg geendet hätten, aber es bestand die Wahrscheinlichkeit, dass man mit Verhandlungen zu einem friedlichen Resultat gelangen würde. Wir hatten auf jeden Fall Chancen, den Türken einiges zu erzählen.

Man muss auch daran erinnern, dass wir im Herbst 1920 in den Augen der Türken keine *quantité négligeable* (belangloser Wert) waren. Die grauenerregenden Vorfälle der vergangenen Jahre waren vergessen. Auch das Volk hatte sich erholt und war angespornt. Wir hatten eine mit englischen Waffen gerüstete und gut ausgestattete Armee. Wir hatten ausreichend Kriegsgerät. Eine wichtige Festung wie Kars war in unserer Hand. Schließlich gab es das Abkommen von Sèvres, und zu jener Zeit war das Abkommen von Sèvres nicht nur ein einfaches Stück Papier, sie war ein wichtiger Trumpf gegen die Türken. Unsere Lage war nicht wie die in Batum im Mai 1918. Wir konnten davon ausgehen, dass unser Wort gehört wurde, denn die Türken waren immer noch bezwungen.

Wir haben das nicht versucht.

Hätten wir ihre Einladung angenommen, was hätten die Türken vorgeschlagen? Möglicherweise hätten sie mit Batum und Brest begonnen und hätten später Zugeständnisse gemacht und hätten sich hinter die Grenzen von 1914 zurückgezogen. Es ist möglich, dass sie Schritt für Schritt nachgegeben und auf Beyazit und Eleschkirt verzichtet hätten.

Allerdings, mehr als diese Zugeständnisse hätten die Türken im September 1920 nicht machen können. Als Gegenleistung hätten sie verlangt, dass Armeniens Regierung auf die im Abkommen von Sèvres vorgesehenen Rechte verzichte.

Wie hätte die armenische Regierung auf diesen Vorschlag reagieren können?

Natürlich hätte sie ihn abgelehnt. Die Regierung hätte diese Bedingungen nicht akzeptieren können und hätte den Krieg vorgezogen.

Nicht nur die Daschnaken-Regierung, jede armenische Regierung hätte so gehandelt. Ich unterstreiche diese Sachlage. Und das mildert die Schuld, die unsere Partei auf sich geladen hat. Die Regierung konnte solche Bedingungen nicht akzeptieren, denn alle politischen Parteien, alle unsere Diplomaten, verpflichtete und freiwillige Retter des Vaterlandes ... alle hätten sich wie eine geballte Faust erhoben, hätten diese Regierung verstoßen und des Verrats bezichtigt. Das Sèvres-Abkommen hatte jedermann blind gemacht.

Jetzt begreifen wir, dass, wenn wir uns im Hebst 1920 direkt mit den Türken geeinigt hätten, wir sehr viel hätten gewinnen können. Doch damals waren wir nicht imstande, das zu verstehen.

Was gesagt wurde, sind zwar Mutmaßungen, aber es widerspiegelt unsere damaligen Überlegungen.

Der Krieg aber war eine Tatsache.

Eine Tatsache - eine unverzeihliche Tatsache ist auch, dass wir nichts unternommen haben, um den Krieg abzuwenden. Stattdessen haben wir Gründe dafür geliefert. Der unverzeihliche Aspekt ist der folgende: Wir hatten keine Kenntnisse über die militärische Stärke der Türkei, und wir kannten ebensowenig die eigene Armee.

28. Der Krieg endete mit unserer totalen und eindeutigen Niederlage. Unsere sattgefütterte, im Rücken gestärkte, gut bewaffnete Armee legte ihre Waffen nieder und zerstreute sich in den Dörfern.

Die Armee war infolge von Raubzügen während der Bürgerkriege und ungestrafter Plünderungen verlottert. Unser von der Büro-Regierung unterstütztes System der Wiederherstellungs-Einheiten (Aufstellung von separaten, unabhängigen Truppen) verdarb die Geschlossenheit und die Integrität der Armee. Ausbildung, Kampfgeist, Organisationsstabilität und Disziplin der Armee und damit ihre Widerstandskraft waren äußerst geschwächt. Die Regierung und der Kriegsminister kannten ihre Armee nicht.

Neben alledem machte die Regierung einen schwerwiegenden Fehler: In der Absicht, die Truppenstärke zahlenmäßig zu erhöhen, berief sie ständig neue Personen in die Armee ein, nahm Leute, alte, junge, übermüdete Leute in die Truppe auf, abgenutzt von Sorgen um Familie und Überleben, bewaffnete sie in Eile und schickte sie an die Front. Diese Leute desertierten und bewirkten, dass die Soldaten noch mehr demoralisiert wurden.

29. Als in der zweiten Novemberhälfte die siegreichen Truppen des Bekir Pascha in Gümrü einmarschierten, legte die Büro-Regierung dem Parlament ihre Abdankung vor. Nach dieser Niederlage konnte auch keine Regierung weiterbestehen. Es wurde notwendig, mit der Türkei in Verhandlungen zu treten, und dafür brauchte es neue Leute. Nach kurzem Zögern (anfangs war eine andere Regierungsliste aufgestellt worden) wurde die aus Daschnaken und den EsEr bestehende Regierung unter S. Wratsjan gebildet. Die Daschnaken-Minister gehörten dem "linken Flügel" der Daschnakzutjun-Partei an. Diejenigen vom EsEr hatten Kontakte zum Kreis der armenischen Bolschewiki. Es bestand eine vage Hoffnung, dass, falls Bolschewiken kämen (man merkte nunmehr, dass dies unausbleiblich war), eine solche Regierung sich mit ihnen leichter werde einigen können.

30. Die Türken waren nun in Gümrü.

Zeitgleich dazu waren Truppen der russischen Roten Armee von Akstafa herkommend in Itschewan und Dilidschan einmarschiert.

Gab es irgend eine Abmachung zwischen den Türken und den Bolschewiki? In unseren Kreisen war eine solche Hypothese verbreitet. Meiner Meinung nach war das falsch. Zumindest besteht vorerst dafür kein Beweis. Bolschewistische Agenten (oder den Bolschewiken geneigte andere Personen) könnten sich bemüht haben, dass unsere Armee zusammenbricht.

Aber für eine solche Abmachung gab es keine Notwendigkeit. Auch bedurfte es keiner Intervention der Bolschewiki, um unsere Niederlage zu beschleunigen. Es reichten dafür die Onkel von Schöregil; ihr einziger Wunsch war, so bald wie möglich nach Hause zurückzukehren, ihren Weizen zu mähen und einzufahren, und im Falle eines Angriffs seitens der Türken ihre Familien und ihr Vieh in Sicherheit zu bringen.

Der Grund unserer Niederlage liegt nicht etwa in der Niedertracht der Bolschewiki oder in der Stärke der Türken sondern bei unserer eigenen Schwäche. Natürlich haben die Bolschewiki aus unserer Niederlage profitiert, das ist sehr natürlich. Es war für sie nicht nötig, zuvor mit den Türken eine Abmachung darüber zu treffen.

Es war nicht schwer zu begreifen, dass es für die Bolschewiken, die in Russland gesiegt und sich in Aserbeidschan etabliert hatten, notwendig war, nach Georgien und Armenien einzurücken. Das war nur eine Frage der Zeit. Man musste den richtigen Zeitpunkt wählen, um nicht zu viel Kraft zu vergeuden. Nun war Armenien dran, und was den Bolschewiki im Mai nicht gelungen war, das erreichten sie im Dezember.

31. Am 1. Dezember (bzw. am 30, November*) unterschrieb unsere Delegation in Gümrü ein Abkommen, das sich von dem gnadenlosen Abkommen von Batum nicht sehr unterschied.

* 30. November 1920 - (Anm. d. Ubers.)

Am gleichen Tag trat die Wratsjan-Regierung zurück und übergab sie an die Bolschewiken.

Die Bolschewiki zogen in Armenien ein und stießen auf keinerlei Widerstand. Das war der Beschluss unserer Partei.

Als wir diesen Beschluss fassten, hielten wir uns zwei Aspekte vor Augen: Erstens, selbst wenn wir es gewollt hätten, hätten wir keinen Widerstand leisten können. Wir waren besiegt und schwach. Zweitens hofften wir, dass die Sowjetregierung, die sich auf Russland stützte, die Staatsordnung aufrechterhalten können würde. Wir selbst hatten das nicht geschafft und würden es auch nicht schaffen können.

Damit die Bolschewiki das Land ungehindert verwalten könnten, wollten wir uns der neuen Regierung gegenüber wohlverhalten und ihr bei den Gründungsarbeiten behilflich sein.

Dieser Beschluss wurde einstimmig angenommen.

Es gab auch Personen, die das nicht billigten. Sie erwarteten nichts Gutes von den Bolschewiki; obwohl sie wussten, dass wir besiegt würden, schlugen sie vor, Widerstand zu leisten und zu kämpfen. Als dieser Vorschlag abgelehnt wurde, haben die Konsequenteren unter ihnen das Land verlassen.

Es gab auch welche, die vorschlugen, die Partei an die Bolschewiki anzupassen und mit ihnen einen politischen Block zu bilden. Die haben sich unter der Bezeichnung "linke Daschnaken" getrennt und haben eine Deklaration im Sinne der Bolschewiki publiziert. Aber sie hatten keinen Erfolg damit. Die Bolschewiki bezweifelten die Aufrichtigkeit dieser Deklaration.

32. Während zweieinhalb Monaten vor dem Februaraufstand regierten die Bolschewiki das Land. Die Hoffnungen der Optimisten wurden nicht erfüllt. Aus Russland kam nicht die erwartete politische und materielle Hilfe. Es wurde ein Regime errichtet, das man nicht anders als "Gewaltherrschaft und grenzenlose Unterdrückung" beschreiben kann.

Jede Art von Diktatur bedeutet im Wesen Unterdrückung, und anders kann es auch nicht sein. Jede Art von Revolutions-Regierung ist gezwungen, während des Kampfes zu entschiedenen und außerordentlichen Maßnahmen zu greifen; das ist eine unvermeidliche Notwendigkeit und liegt in der Natur der Dinge. Aber die von den Bolschewiki in Armenien praktizierten Unbarmherzigkeiten hatten eine charakteristische Eigenschaft, sie waren sinn- und zwecklos.

Hätten die Bolschewiki in der Anfangszeit genügend politische Taktik angewandt (denn später haben sie das getan), wäre ihre Position in Armenien voll gesichert gewesen. Denn im Land gab es keine unvereinbaren Strömungen. Aber die Bolschewiki begriffen das nicht und suchten an den unmöglichsten Orten nach Konterrevolutionären und brachten das Volk gegen sich auf.

Der Februar-Aufstand ist ganz und gar das Werk der Bolschewiki. Was noch die letzten Reste der Wirtschaft beseitigte und dem ohnehin hungernden Volk noch den letzten Bissen vom Mund nahm, war Folge ihrer Repressalien, ihrer Herrschsucht und der nichtendenwollenden Dekrete.

Die Daschnakzutjun beteiligte sich nicht nur in keiner Weise an der Organisierung dieses Aufstandes, sondern stellte sich sogar dagegen.

Ich weiß, vor dem Aufstand waren Daschnaken in manchen Dörfern (etwa in Kotajk) in einer Weise in die Vorbereitungsarbeiten verwickelt. Aber das war nicht das Werkt unserer Partei sondern Vorhaben einzelner Elemente. Erst als es losging, wurde unsere Partei aktiv, und wurde diesmal von den Massen mitgerissen und übernahm die Führung.

33. In der Folge des Aufstandes wurden die Bolschewiki aus dem Zentrum Armeniens vertrieben und in Randgebiete (Scherur und Kasak) verfrachtet. Sofort wurde das "Komitee zur Rettung Ar-

meniens" gegründet, das die Regierung übernahm und dem Kampf eine Richtung gab.

Der Bürgerkrieg dauerte eineinhalb Monate.

In unseren Kreisen war die Tendenz verbreitet, das Versagen und die Niederlage des aufbegehrenden Volkes mit der Übermacht der bolschewistischen Kräfte zu erklären. Ich bin da anderer Meinung. Ja, sie haben in der Tat gut gekämpft, sie haben in der Tat ihren Heldenmut bewiesen; aber die Bolschewiki ... nicht die unsrigen. Hätten die unsrigen gut kämpfen können, hätten sie den Feind noch in der ersten Woche an den Fronten von Gemerli und Jelenow schlagen können (das antibolschewistische Georgien leistete immer noch Widerstand, die Bolschewiki konnten von außen keine Unterstützung erhalten, und ihre eigenen Kräfte waren äußerst gering). Der Grund, warum wir schlecht gekämpft haben, ist nicht Unlust (sonst hätten wir uns nicht erhoben, und die Begeisterung, deren Zeuge wir in Eriwan wurden, wäre nicht aufgekommen); wir vertrauten nicht auf die eigene Kraft und glaubten nicht an den Erfolg.

Der Aufstand war eine spontane, unbewusste Regung. Er ging in unerwarteter Weise los, loderte einen Augenblick auf und erlosch auch gleich wieder. Ich behaupte nicht, dass, wenn die Aufständischen gut gekämpft hätten, sie die Sowjetmacht hätten stürzen können; nein, die Niederlage war unabwendbar (vor allem, nachdem Georgien gefallen war). Wir hätten alle Bolschewiki in Armenien hinschlachten können (wäre der Aufstand einigermaßen organisiert gewesen, wäre das keine schwierige Sache gewesen). Aber im Rücken lag Russland mit seiner Roten Armee. Die armenischen Bauern oder die Daschnakzutjun-Partei hätten sie nicht abwehren können. Ich möchte dennoch sagen, der Aufstand war von vornherein zum Scheitern verurteilt. Denn der Glaube an den Sieg fehlte.

34. Als am 2. April die Bolschewiki in Kanakir einzogen und Eriwan besetzten, verließen wir Eriwan und brachen über Basch-Garni nach Derelegez auf. Zusammen mit den Aufständischen und Parteiangehörigen setzte sich auch eine Menschenmenge in Bewegung, die nicht wusste, wohin sie ging und warum.

Die unvermeidliche Niederlage war da. Bei den Vorfällen während der folgenden zwei bis drei Monate in Derelegez und Zengezur handelte es sich nicht mehr um einen Kampf sondern ums Überleben. Nachdem Eriwan gefallen war, kam die Sowjetisierung von Armeniens Gebirgsregion auf die Tagesordnung. Unsere Präsenz dort kann auch die Ereignisse beschleunigt haben.

Wir passierten Armeniens Gebirgsregion und dachten, wir würden die lokale Bevölkerung stärken und würden ihre Fähigkeiten für den Aufstand erhöhen. Wir hatten nicht in Betracht gezogen, dass besiegte Miliztruppen, die sich auf dem Rückzug befanden, den moralischen Verfall und die Ausweglosigkeit, insbesondere der verängstigten Massen, beschleunigen könnten. Die Lokalbevölkerung sah uns schief an und verhielt sich nicht gastfreundlich. Es wäre besser gewesen, wenn wir unsichtbar gewesen wären. Obendrein mussten sie die letzten Bissen mit uns teilen.

Ungewollt hatten wir Verwirrung in ihr Leben gebracht. Zwischen den lokalen und von auswärts eingetroffenen Führungen entstand ein scharfer Gegensatz.

Die militärische Kraft schwand von Tag zu Tag. Ein Teil der Soldaten, die mit uns gekommen und mit der Lokalbevölkerung nicht zufrieden waren, dachte daran, nach Hause zurückzukehren. Gruppen von (bewaffneten und unbewaffneten) Armeniern aus der Türkei versuchten, so rasch wie möglich nach Aras und von dort in den Iran zu gelangen. Die einheimische Bevölkerung sah, dass die Armee versprengt war, sah die herrschende Führungslosigkeit und begann, an der eigenen Kraft zu zweifeln.

Gegen Ende Sommer säuberten sie Zengur, wo sich das letzte Stabsquartier der demokratischen Republik befand.

Armenien wurde vollständig sowjetisiert.

35. Was war die Charakteristik unserer diplomatischen Tätigkeit im Ausland (in Polen, Europa und Amerika) in der Zeit der Unabhängigkeit und welche Ergebnisse hat sie gezeitigt?

Im Frühjahr 1919 legten die Delegation der Republik und die Nationale Delegation ein Memorandum mit den Forderungen, die wir an die Friedenskonferenz richteten, gemeinsam den alliierten Staaten vor.

Gemäß diesem Memorandum sollten die folgenden Territorien den Grenzen des Staates Armenien hinzugeschlagen werden: Die Republik Südkaukasien, deren Grenzen ausgedehnt worden waren (die gesamte Provinz Eriwan, die Provinz Kars mit Ausnahme des südlichen Teil von Ardahan, der südliche Teil der Provinz Tiflis, der südwestliche Teil der Provinz Jelizawetpol;[6] sieben Provinzen der Türkei (Van, Bagesch, Diyarbakir, Harberd, Sivas, Karin, Trabzon, die Südregion von Diyarbakir und der südliche Teil von Sivas); drei Bezirke in Kilikien (Marasch, Sis,[7] Celal-Bereket, Alexandrette und Adana).

Es wurde ein Gross-Armenien gefordert, das sich vom Schwarzen Meer bis zum Mittelmeer, vom Karabag-Gebirge bis zu den Wüsten Arabiens erstreckt.

Wie hätte diese imperialistische Forderung verwirklicht werden können?

Weder die armenische Regierung noch die Daschnakzutjun-Partei hatten einen derart absurden Plan. Im Gegenteil, unsere Delegation hatte weisungsgemäß unserer bescheidenen Kraft entsprechende, sehr bescheidene Forderungen aus Eriwan mitgebracht.

6 Gendsche - (Anm. d. Übers.)
7 Es müsste sich um Kozan handeln - (Anm. d. Übers.)

Wie kam es, dass die Delegation die Forderung "vom einem Meer zum anderen" aufgeworfen hatte?

Das ist eine eigenartige und unglaubliche Situation, aber diese Forderung haben die Pariser Armenier gestellt, und unsere Delegation hat der in der Diaspora herrschenden Tendenz nachgegeben. Diese ist uns allen bekannt.

Die haben der Delegation Folgendes gesagt: Wenn diese Forderungen nicht gestellt würden, würden die türkischen Armenier ihr eigenes Anliegen von der Angelegenheit "Ararat"-Regierung trennen und sich, getrennt von uns, selbst an die Großmächte wenden.

Außerdem würde Amerika ein Klein-Armenien nicht zu ihrem Mandatsgebiet machen wollen, wohl aber ein Armenien "von einem Meer zum anderen".

In Anbetracht dessen, dass es gefährlich war, als zwei verschiedene Organe, mit unterschiedlichen, einander widersprechenden Forderungen für unsere Sache gegenüber den Großmächten aufzutreten, und da wir ein amerikanisches Mandat forderten, war unsere Delegation gezwungen, trotz anderslautender Weisung, dem zuzustimmen und das Memorandum zu unterzeichnen.

Ich beschuldige unsere Delegation nicht. Ich möchte auch nicht sagen, dass, wenn die Forderungen bescheidener gewesen wären, wir andere Ergebnisse hätten erreichen können. Aber bei der Lösung der grundlegendsten und wichtigsten Fragen konnten wir unseren Willen nicht durchsetzen. Wir konnten die Aktivitäten nicht nach eigenen Vorstellungen betreiben, wir konnten nicht den eigenen Weg gehen, wir haben anderen die Gelegenheit gegeben, uns in ihr Schlepptau zu nehmen.

Das Pariser Memorandum versetzte unreife Köpfe, insbesondere in der Diaspora, in Erregung. Als ob es damit getan wäre, auf dem Papier Grenzen zu ziehen, um in den Besitz eines Staates zu gelangen.

Die zwecklosen und überzogenen Forderungen sollten naturgemäß einer bitteren Enttäuschung weichen.

Das Abkommen von Sèvres, in dem Kilikien, Harberd und Sivas nicht erwähnt werden (es hatte derart weite Grenzen, die unsere Kräfte überstiegen, nicht vorgesehen) führte zu Enttäuschung und Klagen. Wir begannen zu argumentieren, dass die Großmächte nicht gerecht gehandelt, unsere Dienste nicht zu schätzen gewusst, uns nicht belohnt und unsere unumstrittenen Rechte beschnitten hätten.

Etwas später erlebte man eine neue, noch größere Enttäuschung. Der Senat der nordamerikanischen Staaten lehnte es ab, ein Mandat für Armenien zu übernehmen, und wir hatten auf dieses Mandat große Hoffnungen gesetzt.

Auch die von Präsident Wilson entworfenen Grenzen für Armenien befriedigten uns nicht.

Wir meinten, Präsident Wilson würde das Abkommen von Sèvres voll ausschöpfen und uns zu noch mehr Territorien verhelfen können.

Aber selbst diese engen Grenzen waren ein für uns unerreichbarer, nicht greifbarer "blauer Vogel".

Die Türken kümmerten sich weder um Wilson, noch um unsere Klagen, noch um das Abkommen von Sèvres. Statt armenische Gebiete zu räumen, bewaffneten sie sich massiv und festigten ihre Stellungen. Und die Alliierten machten keinerlei Anstalten, das rebellische Ankara mit Waffengewalt zur Vernunft zu bringen. Sie hatten im Gegenteil begonnen, mit ihnen zu liebäugeln. Es sah aus, als ob sie nicht sähen, dass wir nicht zufriedengestellt waren. Sie waren bloß damit beschäftigt, ihre eigenen Angelegenheiten in Ordnung zu bringen.

(Sehr oft sage ich "wir" und "unser" und präzisiere diese Pronomen nicht. In vielen Fällen unterscheide ich nicht zwischen der Partei und den Volksmassen. Schon wieder die gleiche Psychologie und die gleiche Engstirnigkeit, die gleiche politische Perspektivlosigkeit.)

Im Jahr 1922 begannen die türkischen Armenier um ihr Leben zu ringen. An der Konferenz von Lausanne wurde erstmals das Wörtchen *"home"*[8] ausgesprochen und eingetragen. Das Abkommen von Sèvres war völlig vergessen. Nicht einmal das Wort unabhängiges Armenien ist gefallen, nicht einmal autonome Provinzen wurden erwähnt; bloß von einem ethnischen *home,* einem kümmerlichen Heim, im Haus eines fremden Besitzers, war die Rede.

Man drückte damit aus, dass dies das letzte, an das rebellierende Ankara in Friedensabsicht gemachte, Zugeständnis sei.

Obwohl die *Home*-Forderung für die Türkei bindend war, sollte das *Home* selbst von der türkischen Regierung unabhängig sein.

So war die Situation im März.

Ende Jahr ging die Lage in Lausanne in eine andere Richtung. Für ein *Home* wurde keine Forderung mehr gestellt, sondern als freundschaftlicher Wunsch den Türken zur gnädigen Kenntnisnahme nahegelegt.

Der Dialog einer Komödie fand statt. Die stets vornehmen und höflichen Türken erklärten, dass sie diese freundschaftliche Bitte zurückweisen müssten und dass sie bedauerten, dass sie sie nicht erfüllen könnten. Die Alliierten machten bloß eine schwermütige Miene der Verzweiflung. Sie sagten; "Wir haben alle Möglichkeiten ausgeschöpft. Wir haben das Möglichste getan, mehr können wir für die armen Armenier nicht tun." Und gingen zum Coupon-Thema über.

Aber in diesem Punkt betrat im Namen Stalins der Genosse Tschitscherin die Bühne und machte den Vorschlag, den in der Türkei verbliebenen Armeniern in der Krim, an den Ufern der Wolga und in Sibirien ein Refugium zu geben.

8 Home-bestimmtes, einer Volksgruppe als Heimstätte zugeteiltes Gebiet,. (der Übersetzer).

Der Staat wurde zu einem *Home*. Eine Kolonie in Sibirien. Der Berg hatte eine Maus geboren; nein, der Berg, der unter unbeschreiblichen Qualen errichtet worden war, schüttelte sich und zerbarst, daraus strömte Blut, und er gebar gar nichts, nicht einmal eine Maus.

Das alles ist Vergangenheit. Wenn wir die schwierigen Arbeiten, die nach der Gründung der Republik getan wurden, und die errungenen Werte beurteilen, müssen wir gestehen, dass wir wenig haben, womit wir uns brüsten könnten, und dass wir nicht in der Lage waren, die Lasten, einen Staat zu gründen und ihn zu verwalten, zu tragen.

Es ist eine unbestrittene Tatsache, dass die Bedingungen und Arbeitsvoraussetzungen in Armenien außerordentlich ungünstig sind. Aber, wenigstens meiner Meinung nach, hätte man nicht auch noch unsere Schwäche und Unfähigkeit hinzufügen dürfen.

Aufrichtig gesagt, wenn regieren vorausschauen heißt, so waren wir eindeutig Regierende ohne Fähigkeit zur Vorausschau.

Unser Hauptschwäche lag in diesem Punkt.

Und weiter: Wir hatten den Zweck unserer Tätigkeit nicht klar und deutlich begriffen. Wir hatten kein Leitprinzip und kein stabiles, konsequent umsetzbares System. Als ob wir uns unbeabsichtigt unter dem Einfluss zufälliger Gegebenheiten schwankend bewegten, rannten wir mit dem Kopf gegen die Wand und gingen dran, wie Blinde den Boden unter den Füßen abzutasten.

Wir kannten die Grenzen unserer Möglichkeiten nicht und überschätzten diese Möglichkeiten oft. Wir erkannten nicht das Ausmaß der Hindernisse, hassten Gegensätzlichkeiten und nahmen vorhandene Bedrohungen auf die leichte Schulter.

In Situationen, wo wir sehr vorsichtig hätten sein müssen, verhielten wir uns entschlossen in solchen, wo wir entschlossen hätten handeln müssen, handelten wir zaghaft.

Wir konnten Staat und Partei nicht voneinander unterscheiden und vermischten Parteiideologie mit Staatsgeschäften.

Wir waren keine Staatsmänner.

Unter günstigeren Voraussetzungen hätten wir vielleicht durch Fehler, und durch Stolpern am Ende einen festen Boden unter den Füßen finden und eine Staatsstruktur hinkriegen können. Aber unter jenen schrecklichen Voraussetzungen brauchte es Menschen, die ohne jede Stütze, auf sich selbst gestellt handelnd, die Mühen eines Herkules' hätten auf sich nehmen können.

Niemand möge mir diese meine Worte verübeln. Das ist keine Boshaftigkeit, sondern bloß Selbstkritik.

Denn ich befand mich unter diesen Personen in den vordersten Reihen, Seite an Seite mit euch zusammen, ich war euer Kampfgefährte, ich trug zusammen mit euch die Verantwortung für unsere Niederlage.

Ich sagte "Verantwortung" ... Mein Mut reichte nicht, um hier dies hinzuzufügen: Wir waren uns vielfach der Verantwortung, die wir uns aufgeladen hatten, nicht bewusst. Zudem waren wir unsere Pflichten betreffend nicht immer und nicht ausreichend aufrichtig. Ich habe keinen Mut, denn ich fürchte, ich könnte ungerecht sein. Aber manche wissen (es), vielleicht tritt einer eines Tages auf, der unparteiischer ist als ich, und kann das in einer gerechten Weise darlegen.

Was haben wir nun?

Wir sind ein winziges, angeblich unabhängiges, in Wirklichkeit aber ein autonomes Randgebiet zwischen Aras und Sewan, Randgebiet eines wiederauflebenden russischen Imperiums.

Mehr gibt es nicht, kein *Home,* kein international-diplomatisches Thema Türkisch-Armenien. Dieses Thema wurde in Lausanne zu Grabe getragen.

Ich kann noch mehr sagen: Im Türkisch-Armenien gibt es keine Armenier mehr, und dass es sie eines Tage geben wird, ist unwahrscheinlich. Die Türken haben die Tore fest verschlossen, und es ist keine Macht in Sicht, die sie dazu zwingen könnte, sie wieder zu öffnen.

Etwa eine Million Armenier befindet sich außerhalb der Grenzen der Republik, in Georgien, Aserbeidschan, Südkaukasien, im Iran, in Syrien, in Konstantinopel, auf dem Balkan und sogar in allen Ländern der Welt.

Nur ein kleiner Teil der Auslands-Armenier hat in der Republik Armenien Bleibe finden können. Nicht wegen vorübergehender Schwierigkeiten. Die äußerst engen Grenzen der Republik ließen eine Masseneinwanderung (es geht dabei um Einwanderungsmöglichkeiten für in den armenischen Provinzen überlebende Bauern) nicht zu. Andererseits ist der soziale Charakter der außerhalb Südkaukasiens lebenden Armenier (Kleinbougeoisie, die in dem an Handelszentren gebundenen, ausgeplünderten Agrarland keine Ernährungsmöglichkeit finden konnte) keine geringe Fessel. Auslandsarmenier sind, aus der Sicht der heutigen Republik Armenien, kein staatsgründender Faktor.

Armenier in derDiaspora mögen als *Volkselement* vielleicht für eine gewisse Zeit einen Wert haben (abhängig davon, wie wir imstande sind, in den Kolonien unseren nationalen Charakter und unsere Nationalzugehörigkeit zu bewahren und unser Nationalbewusstsein zu entwickeln).

Aber als staatsbildendes Element hat das Armeniertum nur bei denen eine Bedeutung, die in Armenien, und beim Großteil derer, die im benachbarten Georgien und Aserbeidschan geblieben sind.

Der armenische Staat muss sich auf diese stützen und sich auf diesem Fundament festigen.

Armenier in den Kolonien, kann man sich bestenfalls für eine ungewisse Zukunft (nur in bescheidenem Umfang) als Reserve und als Hilfskraft vorstellen.

Das unmittelbare Ziel muss heute die derzeit vorhandene Republik und der Fortbestand des in dieser Republik und ihren Nachbarländern lebenden armenischen Volkes sein.

Ich unterstreiche diesen Vorschlag mit all meiner Kraft und lenke Ihre Aufmerksamkeit darauf, denn dieser Aspekt muss der Ausgangspunkt für unsere künftige Tätigkeit sein.

Was für eine Haltung muss unsere Partei gegenüber dieser Republik und ihrem Regime an den Tag legen?

Diese Republik ist nicht unabhängig; sie ist Teil Südkaukasiens, ja sogar Russlands. Als autonome Provinz steht sie faktisch unter Moskaus Kontrolle und Kommando.

Kann diese Situation unsere Partei befriedigen? Ist das unser politisches Ideal?

Natürlich nicht.

Ich habe oben daran erinnert: Die Armenische Revolutionäre Partei (ARP) Daschnakzutjun hatte im Frühjahr 1918 ungewollt der Abspaltung Armeniens von Russland zugestimmt. Wir fürchteten uns vor der Abtrennung, wir wollten an Russland angeschlossen bleiben. Aber das bedeutet nicht, dass unser Unabhängigkeitswunsch, unser Ideal ein Satellitenstaat ist.

Nach meiner festen Überzeugung hat die ARP Daschnakzutjun, bewusst oder unbewusst, stets für die politische Befreiung des armenischen Volkes gekämpft.

Das Wesen, die historische Aufgabe, die Kraft und der Wert des Daseins unserer Partei hängt damit zusammen. Es gibt keinen einzigen Angehörigen der Daschnakzutjun, welcher Tendenz auch immer, der sich nicht von der Unabhängigkeitsidee inspirieren lässt. Daher ist der Horizont unserer Partei sehr breit, und ihre Mitgliederzahl ist um ein Mehrfaches größer, als sie im Heft des Komitee eingetragen ist.

Ich habe diese meine Ansichten letztes Jahr in Tschakatmart ausführlich dargelegt, und ich denke, ich habe nicht das Recht, sie hier zu wiederholen. Ich möchte aber nur soviel sagen: Das heutige politische Los Armeniens kann nicht das Ideal der ARP Daschnakzutjun sein.

Wir waren natürlich feurige Verfechter der Föderationsidee (sind es heute noch), und wir wissen, Klein-Armenien kann sein Dasein auf keine andere Weise gewährleisten. Aber wir sind für eine Föderation, deren Mitglieder mit eigenem Willen und gleichberechtigt sind. Das heutige Russland ist nicht so beschaffen.

Die Republik Armenien ist eine Sowjetrepublik. Das sowjetische System sieht eine Klassendiktatur vor, was aber heute zutrifft, ist die Diktatur der kommunistischen Partei.

Kann uns solche Art von Herrschaft befriedigen?

Natürlich nicht.

Es stimmt: Wir haben erfolglos versucht, unsere eigene Diktatur zu errichten, aber für uns ist (Partei- oder Klassendiktatur) keine Religion. Wir, die wir in Sachen Staatsleben und -verwaltung ohne Erfahrung sind, die wir mit Regierungsgift vergiftet wurden, konnten der Verlockung nicht widerstehen und sind gestolpert. Aber wir hatten unseren Fehler erkannt und waren auf der Suche nach Auswegen; hätten wir uns verspätet, wären wir gestrauchelt, denn nicht nur die "Religion" unserer Partei, auch ihre Struktur war für keinerlei Diktatur geeignet. In Armenien gibt es keinerlei Klasse oder Schicht, Partei oder Gruppierung, die, auf die eigene Kraft gestützt, eine Diktatur errichten könnte. In unserem Land kann nur eine Kraft, die von auswärts kommt, eine Diktatur errichten. Unser Land ist für ein demokratisches System wie geschaffen; nur die politische Erziehung und die Gewohnheiten des Staatslebens sind unzulänglich.

Obwohl dieses große Defizit die Einrichtung demokratischer Prinzipien erschwert, kann es auch keine Basis für eine aus innerer Dynamik stammende Diktatur bilden.

In der Sowjetunion und damit auch in Armenien wird das gesellschaftlich-wirtschaftliche Leben nach kommunistischen Prinzipien stimuliert (oder dies wird versucht).

Halten wir eine solche Politik für Armenien für nötig oder nützlich?

Nein, halten wir nicht.

Und das hat damit nichts zu tun, inwieweit der Sozialismus, den sich unsere Partei zur Losung gemacht hat, bewusst und verdaut ist, wie weit er der Struktur unserer Partei und seiner kollektiven Ideologie entspricht.

Ich, der ich dieses "nein" ohne Zögern benutze, weiß, weltanschaulich als alter, unverbesserlicher Kommunist, weiß es, dass für das heutige Armenien das sozialistische System nicht angemessen ist, und simple kommunistische Prinzipien erst recht nicht.

Armenien ist für den Sozialismus nicht herangereift und verfügt nicht über die Mindestvoraussetzungen, um ihn zu rechtfertigen. Alle diesbezüglichen Anstrengungen sind von vornherein zum Scheitern verurteilt und sind ein Vergehen vor allem gegen Armeniens Werktätige.

Ich habe dieses Thema in der Zeitschrift *Tschakamart* ausführlich behandelt. Da ich annehme, dass in dieser Sache keine Meinungsverschiedenheiten unter uns bestehen, will ich mich hier auf diese paar Zeilen beschränken.

***

Somit können uns weder die politische Lage Armeniens noch seine Regierungsform, noch seine sozio-ökonomische Politik zufriedenstellen. Wir wünschen nicht die heutige sondern eine andere Republik.

Was für eine Haltung müssen wir demzufolge gegenüber dieser Republik und ihrer Regierung zeigen?

Die kurze und einfache Antwort ist: Wir müssen kämpfen.

Aber wenn es sich hier um komplizierte Themen und eine verworrene Situationen handelt, könnten simple Antworten falsch sein.

Eine politische Partei ist kein Institut, wo Fragen auf theoretischer Ebene behandelt und gelöst werden können. Der Daseinsgrund einer Partei ist nicht der, eine Theorie zu entwickeln (das ist eine sekundäre Tätigkeit) sondern *Aktion* und zudem *unter gegebenen Umständen* erfolgte Aktion.

Wenn wir aber die Angelegenheit auf diesen Boden stellen, (und wir müssen sie dahinstellen, denn andernfalls würden wir uns entsetzlich täuschen) wird die Antwort anders lauten.

Der Kampf setzt einen bestimmten Zweck voraus, und um diesen zu erreichen, setzt er das Vorhandensein wirklicher und tauglicher Instrumente voraus.

Welche Instrumente haben wir in der Hand, und welchen Nutzen können sie gewährleisten?

Wenn das Sowjet-System Bürgerrechte anerkannt hätte, würden wir uns als Opposition in Presse und öffentlichen Versammlungen äußern; wir würden die falsche Politik der Sowjets kritisieren, wir würden Anhänger sammeln, unzufriedene und opponierende Elemente organisieren.

Hätte das Sowjet-System die politische Gleichberechtigung akzeptiert, hätten wir uns an Wahlkampagnen beteiligt und versucht, in den Sowjets Sitze zu gewinnen und bei Gesetzen und Regierungsform von uns gewünschte Korrekturen zu machen.

Doch die Sowjet-Herrschaft will weder Bürgerrechte noch politische Gleichberechtigung akzeptieren.

Diese Herrschaft ist die Diktatur der Partei (nennen wir es, der Klasse). Natürlich kann man deshalb beleidigt sein, sich beklagen, zürnen usw., aber das ändert nichts an der Lage. Wirklichkeit bleibt Wirklichkeit. Als legale Opposition ist für uns in Armenien kein Platz.

Ich spreche von Armenien, denn ich denke, dass eine Opposition außerhalb Armeniens keinen Wert haben kann.

Natürlich können wir in der Diaspora jedes gewünschte Thema, soviel wir wollen, erörtern und darüber schreiben. Dafür braucht es nur etwas Papier, eine Druckerei und ein wenig Geld, sonst nichts. Aber was kann die öffentliche Meinung in den armenischen Diasporas in Rumänien oder Ägypten (vorausgesetzt, eine solche öffentliche Meinung ist herzustellen) für Sowjet-Armenien bedeuten?

Vielleicht kann unsere Stimme auf geheimen Wegen nach Armenien getragen werden.

In der Vergangenheit, in der Zarenzeit, haben wir Droschak und andere Schriften geheim ins Land gebracht, und wenn ich mich nicht irre, tragen die von den EsEr ihre eigenen Auslandspublikationen nach Russland. Ich kann nicht wissen, was sich die EsEr erhoffen und inwieweit sie mit dieser Geheimpropaganda erfolgreich sein können. Aber in Anbetracht unserer Realitäten und Möglichkeiten frage ich:

Würden unsere geheimen Verlautbarungen, die völlig heimlich von nur ein paar Hundert Menschen gelesen würden, gegen die gewaltigen Publikationen der Bolschewiki, mit denen sie das ganze Land überfluten, eine Bedeutung haben?

Der wichtigste Aspekt, den wir nicht haben und nicht haben werden, ist der, dass wir keine präzisen, verständlichen Losungen haben, die die Volksmassen begeistern könnten.

Aber verschieben wir dieses Thema auf später.

Ist es etwa möglich, mit den Bolschewiki ein Abkommen zu treffen?

Es scheint unglaublich, aber Tatsache ist, wir haben in der Vergangenheit dieses knifflige Vorgehen beherzigt und Versuche unternommen, mit den Bolschewiki organisatorisch zusammenzuarbeiten. Ja, unglaublich, denn das auszusprechen, heißt, das Wesen des Bolschewismus nicht zu begreifen. Denn der Bolschewismus ist absolutistisch, er ist monarchistisch. Wer nicht für ihn ist (oder wer nicht politisch völlig neutral ist), ist gegen ihn. Vergesst nicht: Heute sind wir in den Augen der Bolschewiki eine kleinbürgerliche Partei, und in meinen Augen ist das keine Fehleinschätzung. (Wenn wir uns nicht nur Programm und Weltanschauung der einzelnen Führer der Partei, sondern auch die tatsächliche Struktur der Partei und ihre kollektive Ideologie vor Augen führen, so widerspricht diese Beschreibung der Wirklichkeit nicht so sehr.) Wenn die Bolschewiki gegenüber den marxistischen Menschewiki und Sozialrevolutionären so unduldsam sind, können sie naturgemäß gegenüber der ARP Daschnakzutjun keine Toleranz zeigen.

Wozu und zu welchem Zweck sollten die Bolschewiki mit uns zusammenarbeiten?

Wir lieben es sehr, andere davon zu überzeugen, dass die Bolschewiki Armenien nicht regieren können, solange sie nicht mit uns zusammenarbeiten.

Worauf stützen sich diese unsere Behauptungen, und warum sollten die Bolschewiki glauben, dass wir für sie unentbehrlich seien?

Es ist nun zwei Jahre her, dass wir aus Armenien verjagt worden oder im Land erdrückt sind. Als wir den Bolschewiki zu Hilfe eilten, ist da je ein Hindernis entstanden, das ihr Dasein bedroht hätte? Mir sind keine solchen Hindernisse bekannt, und ich bin geneigt zu denken, dass es sie nicht gab.

Wir stellen zweifellos bloß als Landsleute einen Wert dar. Aber welche Partei oder Regierung verzichtet auf ihre politische Linie oder arbeitet mit ihrem Widersacher zusammen, bloß um einige Hundert Menschen auf ihre Seite zu ziehen?

Jedenfalls, ob wir Recht haben oder nicht, ob wir zuviel oder zuwenig Verstand haben, spielt keine Rolle. Tatsache ist, die Bolschewiki suchen nicht nach Wegen der Zusammenarbeit mit uns und akzeptieren sie nicht.

In dieser Richtung wurden Vorstöße gemacht und wurden abgewiesen. Ein neuer Anlauf wäre nicht nur müßig sondern auch erniedrigend.

Es ist müßig, denn es gibt Grenzen, die für die Partei aus Ehrgefühl unüberwindlich sind.

Was bleibt, sind nur Geheimaktivitäten, Untergrundtätigkeit und Verschwörungen oder umfangreiche revolutionäre Aktivitäten. Denn wir wurden auch von der Regierung der Zaren und der Sultane verfolgt. Also können wir das, wozu wir jahrelang in Türkisch-Armenien imstande waren, nicht auch im Sowjet-Armenien fertigbringen?

Natürlich können wir das.

Wir können im iranischen Karabag ein Versteck einrichten (wie wir es seinerzeit in Salmas getan haben) und von dort auf die andere Seite von Aras Leute und Waffen schicken. Indem wir nötige Geheimkontakte herstellen, können wir auch in den Sünik- und Derelegez-Bergen bewaffnete "Humbas" verpflegen, wie wir es in den Sasun-Bergen und am Tschatak-Bach getan haben. In schwer zugänglichen Gebieten können wir die Landbevölkerung zum Aufstand anstiften und die Kommunisten von dort verjagen. Später können wir sogar in Eriwan großen Krach schlagen; wie wir einst eine osmanische Bank besetzt haben, können wir irgendein öffentliches Gebäude in die Luft jagen. Wir können Anschläge auf Personen planen und durchführen; wir können, wie einst Beamte des Zaren und des Sultans, einige Bolschewiken umbringen; und ebenso wie seinerzeit im Yildiz-Palast dem Sultan Abdülhamid, können wir Mjasnikow oder Lukaschin oder sonstwem eine Bombe vor die Füße werfen.

Wir können all das tun, denke ich. Wir können es.

Allein, es stellt sich die folgende Frage: Wozu? Was sind unsere Ziele und Hoffnungen?

Als wir in der Türkei Krach schlugen, dachten wir, dass wir durch diesen Krach die Aufmerksamkeit der Großmächte auf die Armenierfrage lenken und sie zwingen könnten, als Vermittler zu unseren Gunsten aufzutreten. Jetzt wissen wir aber, was so eine Vermittlung wert ist, und empfinden kein Bedürfnis dafür, dass sich solche Experimente wiederholen. Wenn Europa nicht imstande und gewillt war, uns in der Türkei zu helfen, so ist Russland in keinem Fall dazu imstande und gewillt. Terror mit dem Ziel, unterschiedliche Leute in Zaum zu halten, konnte vielleicht für kurdische Rädelsführer oder zaristische Beamte etwas bedeuten. Aber wir müssen zugeben, die Bolschewiki sind aus anderem Holz geschnitzt. Wen es um gegenseitigen Terror geht, würden uns die Bolschewiki in nichts nachstehen, sie würden uns sogar übertreffen.

Wo wir gegenüber einer einzigen Person Terror ausüben, würden sie das gegenüber Massen tun.

Können wir die Unruhen im Volk in einen Bürgerkrieg verwandeln? Das ist sehr, sehr zu bezweifeln. Fasst man einen ernsten Entschluss, geht man hartnäckig an die Arbeit, und ist man bei der Wahl der Mittel nicht wählerisch, könnten wir es vielleicht erreichen.

Aber wozu?

Können wir in einer Situation, da die Bolschewiki sattelfest dastehen, und mit einer mit den Bolschewiken verbündeten Türkei im Rücken die Bolschewiki aus Armenien vertreiben?

Ich denke, heute gibt es in unseren Reihen niemanden, der so naiv wäre. Selbst wenn ein Bürgerkrieg losbräche, würde er mit unserer Niederlage enden. Der Bolschewismus ist kein armenisches Regime, und Armenien wird nicht der Ort sein, wo er begraben wird (aber ist es notwendig, dass er begraben wird?). Der armenische Bolschewismus ist ein verlängerter Arm des russischen Bolschewismus und ein kleiner Teil von ihm. Solange in Moskau die rote Fahne weht, wird sie unweigerlich auch in Eriwan wehen. 1918 hätten wir anders denken können, aber heute haben wir dazu kein Recht.

Aber der Bolschewismus hat auch bei unseren Nachbarn, in Georgien und in Aserbeidschan Feinde, die sich mit ihm abgefunden haben. Ist es nicht natürlich, dass wir uns mit allen übrigen Unzufriedenen zusammentun und versuchen, die kommunistische Diktatur zu stürzen?

Ja, das könnte natürlich sein. Aber die Sache ist die, wir dürfen das nicht tun.

Das armenische Volk hat derart viel Schaden erlitten, es ist derart ermüdet und geschwächt, dass niemand das Recht hat, es weiteren Prüfungen auszusetzen, ihm neue Opfer abzuverlangen. Was geschehen ist, reicht jetzt. Lassen wir Russland als Widersacher der Bolschewiki. Sie sollen sich selbst mit den Sowjets befassen. Wir sind da nicht dabei! Das armenische Volk hat es verdient, eine Weile auszuruhen und seine tiefen Wunden zu verbinden. Und wenn uns manche dieses Recht nicht zubilligen, wenn ihnen diese unsere Haltung nicht gefällt, so wollen wir es dabei belassen.

Um meine Gedanken besser zum Ausdruck zu bringen, will ich weitergehen.

Ich frage mich selbst: Wenn durch irgendein Wunder die Existenz der Bolschewiki in Armenien von mir abhinge, wenn es nur einen Fingerzeig von mir brauchte, damit sie verschwinden, würde ich das tun?

Und ich antworte ohne zu zögern: Nein, ich würde es nicht tun; mehr noch, ich würde es nicht nur nicht tun, ich würde meinen Finger abschneiden, damit er im Schlaf, zufällig oder irrtümlich diese extrem gefährliche Bewegung nicht tun könne.

Unter den gegebenen Voraussetzungen braucht Armenien die Bolschewiki; es gibt keine Kraft, die ihren Platz einnehmen könnte. Das ist die Realität.

Seit den ersten Tagen unseres Daseins als Staat begriffen wir sehr wohl, dass ein derart kleines, armes, ausgeraubtes und von der Welt abgeschnittenes Land wie Armenien nie wirklich unabhängig und selbständig sein kann. Wir erkannten, dass wir der Unterstützung einer, welcher auch immer, äußeren Macht bedurften, damit wir, gestützt auf sie, unser Dasein aufrechterhalten können - wenigstens in der ersten Phase, bis wir uns organisiert und Kräfte gesammelt haben. Eine solche Unterstützung haben wir zunächst im fernen Amerika und später in Europa gesucht. Die Folgen sind bekannt. Noch vor zwei bis drei Jahren hat man sich davon noch etwas erhoffen können, aber heute gibt es keine solche Situation. Wenn wir darauf insistierten, wäre das eine unverzeihliche Torheit. Man weiß noch nicht, was uns die ferne und ungewisse Zukunft bringen wird. Aber die heute erkennbare Zukunft ist sehr klar: Heute gibt es zwei reale Kräfte, und die müssen wir in Rechnung stellen: Russland und die Türkei. Die Dinge haben sich so entwickelt, und unser Land ist ein Trabant Russlands und kann sich ausreichend gegen die Türkei verteidigen. Wenn Russlands Herrschaft verschwindet, tritt sofort die türkisch-tatarische Herrschaft an ihre Stelle. Entweder Russland oder die Türkei; entweder die Bolschewiken oder die türkischen Nationalisten, eine andere Wahl haben wir nicht.

Angesichts einer solchen Alternative sollte es keinen Platz für Zögern geben. Natürlich nicht die Türkei sondern Russland, natürlich nicht die türkischen Nationalisten sondern die Bolschewiki.

Wäre unsere Wahlmöglichkeit nicht derart eingeschränkt, hätten wir generell einen Haufen Einwände gegen Russland und insbesondere gegen die Bolschewiki. Aber unser Unglück ist die geographische Lage unseres Landes, die uns Hände und Füße bindet.

Armenien braucht die Bolschewiki, denn es braucht Russland.

Man weiß nicht, was morgen wird (meiner Meinung nach, das gleiche wie heute), aber wer heute Herr der Lage ist, das ist Russland.

Um heute Russlands Freund zu sein, muss Armenien selbst bolschewistisch sein. Es gibt keinen anderen Ausweg; zumindest sehe ich das so.

Meine vorherigen Worte, "wir haben keine Losung, um in Armenien einen antibolschewistischen Kampf im Untergrund führen zu können", muss man in diesen Rahmen bewerten.

Ich stelle die gleiche Frage in Bezug auf die Vergangenheit anders.

Ist es für unser Land eine Katastrophe, dass Armenien sowjetisiert wurde?

Diese Frage mag im Mund eines Daschnaken seltsam erscheinen; wir haben diese Frage schon längst beantwortet, und sie fällt nicht zugunsten der Bolschewiki aus. Aber wir wollen noch einmal überlegen, und nicht in Partei-Dogmatik verfallen.

Ich will nicht noch einmal wiederholen, dass das Sowjet-Regime für Armeniens Realität absolut nicht passend ist. Diese Ansicht steht meiner Meinung nach außer Diskussion.

Zudem kenne ich die Aktivitäten der Bolschewiki in Armenien und ich kann mich daran erinnern; ich denke an die Zeit, da ich mich während zweieinhalb Monaten (Dezember 1921 bis Februar 1922) in Armenien aufhielt. Ich weiß, wie viele Menschen diskriminiert wurden, und ich erinnere mich, dass unter den Diskriminierten zuvorderst die Daschnaken standen. Ich selbst und viele von euch haben unglaubliche Schikanen erlebt und wurden gnadenlos verfolgt.

Ich möchte indes gleichzeitig sagen: Wir dürfen diese ernsten Aspekte nicht vergessen und sollten vorsichtig sein, wenn wir uns entscheiden; denn als Gekränkte sind wir geneigt, nur das Schlechte zu sehen und alles zu übertreiben.

Wenn ich mich an unsere Lage im November 1920 erinnere, frage ich mich: "Wäre es nicht besser gewesen, wenn die Bolschewiki damals unser Land nicht in Beschlag genommen und uns mit unserem Schicksal allein gelassen hätten?" Die Antwort ist verneinend. Nein, es wäre nicht besser, sondern schlechter.

Wir sind uns schon damals bewusst geworden, das wir chancenlos sind und haben daher den Bolschewiken die Tore weit geöffnet.

Ich hatte es bereits gesagt: Unsere Hoffnungen waren umsonst. Wir haben von Russland weder politische noch materielle Hilfe erhalten (ich spreche wieder von der ersten Phase). Die Bolschewiki haben nicht etwa Armenien gegen die Türkei verteidigt und haben dem Abkommen von Gümrü zugestimmt, das wir angesichts der drohenden Gefahr unserer Vernichtung unterzeichnet hatten. So ist das.

Aber hätten die Bolschewiki das Land nicht besetzt und wären wir allein geblieben, hätten sich die Türken an dieses Abkommen gehalten? Wären sie nicht unter verschiedenen Vorwänden (und es ist nicht schwer, sich dies vorzustellen) noch weiter gegangen? Was hätten wir angesichts solcher Absichten tun können? Was hätten wir, besiegt und geschwächt, in- und außerhalb des Landes an Autorität verloren, geschafft?

Im Herbst 1920 hatten wir sowohl als Regierung als auch als Partei unsere Kraft verloren und waren in einer Sackgasse. Und wären die Bolschewiki zu spät gekommen, wären wir selbst gezwungen gewesen, sie zu uns zu bitten, denn wir waren schwach. Im Land gab es keine andere Kraft, die an unsere Stelle hätte treten können.

Sehen wir uns die Folgen an. Wir haben während zweieinhalb Jahren das Land regiert, und ebenso lange regieren es die Bolschewiken.

Wir haben gegen Georgien, Aserbeidschan und gegen die Türkei gekämpft. Die Bolschewiki haben nicht gekämpft. Wir waren in Akbaba, Zod, Zengibasar, Wedibasar, am Fluss Milin, in Scherur, Nachtschiwan, Zengezur ohne Unterbruch in Kämpfe verwickelt; die Bolschewiki haben sich, mit Ausnahme des Februar-Aufstandes, im Inneren nicht an Konflikten beteiligt. In diesen nicht enden wollenden Kämpfen haben wir das Land unter Waffen gehalten, die produzierenden Hände auf Kriegsschauplätzen eingesetzt. Dabei hätten wir produktive Arbeit bitter nötig gehabt. Die Bolschewiki haben das Volk aus dieser furchtbaren Lage befreit.

Zu unserer Zeit war das Volk auf den Schlachtfeldern oder starb vor Hunger. Wir haben reiche Weizengebiete wie Scherur und Wedi und eine Viehzucht-Basis wie Akbaba zugrunde gerichtet, haben diese Reichtümer nicht zu nutzen gewusst. Nach langen Hungerjahren haben wir 1920 dic crwartete gute Ernte (zusammen mit anderen Reichtümern) der Armee von Kazim Bekir Pascha überlassen. Und heute hören wir, dass das armenische Volk satt ist, dass es fast keinen Bedarf an Weizen hat. Und das entspricht der Wirklichkeit; das Volk findet Zeit, zu säen und zu ernten.

Wir haben uns sehr bemüht, konnten aber mit der Außenwelt keine Verbindung herstellen. Die Eisenbahnlinie in Südkaukasien war für uns faktisch geschlossen. Die Bolschewiki haben die Bahn geöffnet. Heute kann Eriwan über Dschulfa zum Iran und zu Aserbeidschan, über Baku zu ostrussischen Ländern und nach Südkaukasien, über Batum zu Russland und Europa Verbindung aufnehmen.

Zu unserer Zeit herrschte in Armenien Dunkelheit; eine halbe Stunde nach Sonnenuntergang ruhte jede Art von Arbeit und Bewegung, denn es gab kein Material für Beleuchtung. Die Bolschewiki haben von Baku Erdgas hergeleitet und haben das Land von der Finsternis befreit.

Natürlich ist das keine so große Leistung, aber wir haben nicht die geringste Leistung zustandegebracht.

Armenien benötigte die Bolschewiki und benötigt sie heute ebenso.

Aber das bolschewistische System, mit seinem ganzen Inhalt, kann von uns nicht akzeptiert werden.

Also, was tun?

Sollen wir etwa von außen her Krieg führen?

Das hätte als ein Reserve-Mittel zur Unterstützung eines offen oder verdeckt geführten inneren Krieges einen Wert darstellen können. Aber wer braucht einen draußen erzeugten Krach und wozu soll er gut sein?

Heute sind europäische Städte überflutet mit allerlei russischen Flüchtlingen (angefangen von den Monarchisten bis zu den EsEr), die genauso wie wir vertrieben worden sind. Sie publizieren zahlreiche Zeitungen, schreiben Bücher, organisieren Versammlungen, machen Aufrufe und Proteste und stoßen Drohungen aus. Sie beschimpfen, beschimpfen und beschimpfen die Bolschewiki ...

Ich habe noch nie so eine hohle, jämmerliche Tätigkeit gesehen, wie jene, die diese Herren betreiben.

Sollen also Flüchtlinge die Macht der Sowjets mit Donner und Blitz brechen, die Narkoms niederreißen, die Tscheka vernichten?

Das ist kein Kampf, sondern eine jämmerliche Demonstration der Schwäche. Die gegen den Bolschewismus kämpfen, müssen von innen zuschlagen, damit die Schläge nicht ins Leere treffen. Es ist eine Aktion, als ob man im Ausland wohnt, und von dem entfernten, ungefährlichen Ort mit der Faust droht. Dies schickt sich nicht für die ARP Daschnakzutjun.

Unter uns gesagt, es gibt auch welche, die denken, die Daschnakzutjun müsse politisch weiterhin im gegnerischen Lager bleiben und von außen helfen, Armeniern neu zu beleben.

Wie denn?

In der Absicht, Waren nach Armenien einzuführen und Rohstoffe zu Außenmärkten auszuführen, müssten verschiedene Handels- und Industriefirmen und überhaupt Handwerksbetriebe und Fabriken, Bewässerungsanlagen u.Ä im Land gegründet werden.

Ich lasse die Frage beiseite, inwieweit wir als Partei in diesen Handels- und Industriefragen oder in Fragen des Schutzes und der Wohltätigkeit bewandert sind oder für das Gelingen dieser Tätigkeit als Vermittler erwünscht sind, und frage: Kann eine politische Partei derlei Tätigkeiten in ihr Programm aufnehmen? Meiner Ansicht nach, nein; das ist nicht ihre Sache. Das wäre nicht das Programm einer politischen Partei, sondern ihre Verleugnung.

Wenn die ARP Daschnakzutjun einen solchen Weg beschreitet, wenn sie diese Richtung wählt, muss sie verkünden, dass sie ihre *raison d'être* [9] verloren hat.

Man muss den Handel den Geschäftsleuten, die Industrie den Industriellen und die Wohltätigkeit den Wohltätigkeits-Institutionen überlassen. Dic Daschnakzutjun muss sich um andere Arbeit - wenn es eine derartige Arbeit gibt - kümmern.

Ja, wenn es sie gibt ...

Wir, als eine politische Partei, können mit den Bolschewiki im Rahmen ihrer staatlichen Tätigkeit nicht zusammenarbeiten, und so sehr wir es auch wollten, können wir ebensowenig zur legalen Opposition werden.

Wir dürfen nicht einer Verschwörertätigkeit im Untergrund nachgehen, wir dürfen sogar, selbst wenn das möglich wäre, die Sowjet-Regierung nicht stürzen.

In einer Situation, da kein Wunsch oder Begehren besteht, im Inneren zu kämpfen, und da das außen gesagte im Land nicht gehört wird, ist es eine sinnlose und unästhetische Beschäftigung im Ausland verbal zu kämpfen, in derDiaspora antibolschewistische Propaganda betreiben.

Die Entfaltung von Armeniens Wirtschaft von außen zu unterstützen, Handels- und Industriefirmen zu gründen, ist nicht eine Tätigkeit, mit der sich eine politische Partei zu befassen hat.

Gut, was ist zu tun?

Eben hier muss ich die Worte sagen, die euch, wie ich vermute, sehr verstimmen werden, die aber gesagt, und zwar ungeschminkt gesagt werden müssen:

9 Raison d'être - Sinn des Daseins; Daseinsberechtigung (d. Übers.)

"Für die ARP Daschnakzutjun gibt es nichts mehr zu tun."

Unsere Partei hat alles getan, was zu tun war, und hat sich verbraucht. Neue Gegebenheiten haben uns mit neuen Forderungen konfrontiert. Wir haben nicht die Fähigkeit dazu, diese Forderungen zu erfüllen. Daher müssen wir den Platz Fähigeren überlassen.

Besteht Bedarf, diese neuen Gegebenheiten noch einmal zu wiederholen? Hier sind sie:

Ein Türkisch-Armenien gibt es nicht mehr. Europas Großmächte haben uns begraben. Die Hälfte der armenischen Bevölkerung hat Blut verloren und ist ausgeraubt worden, sie braucht eine lange Erholung. Die Republik Armenien hat sich als autonomes Gebiet mit Sowjet-Russland vereint. Wir können unseren Staat nicht von Russland abspalten. Selbst wenn wir es noch so sehr wollten, könnten wir es nicht. Selbst wenn wir es könnten, dürften wir es nicht wollen. Die Partei ist besiegt worden und hat ihre Autorität verloren; sie ist aus dem Land vertrieben worden und kann nicht zurückkehren. Und es gibt nichts, was sie in der Diaspora tun könnte.

Das ist die heutige Lage.

Eine Partei kann nicht sagen: "Da ich vorhanden bin, muss ich mir ohnehin eine Betätigung, welche auch immer, aushecken." Ein Herangehen nach dem Motto: "Wenn ich schon da bin, dann ..." ist logisch gesehen falsch. Wir müssen den Satz umgekehrt bilden: "Nachdem es nichts mehr zu tun gibt, bedarf es unseres Daseins nicht." Wo es also keine Parteiarbeit gibt, bedarf es auch keiner Partei mehr.

Ich habe gesagt: Es gibt für Daschnakzutjun nichts mehr zu tun. Angesichts der Vergangenheit der Armenier im Allgemeinen und ihrer eigenen politischen Vergangenheit im Besonderen, gibt es nur eins: Die Partei muss ihr eigenes Dasein, aus eigener Entscheidung, bewusst und definitiv beenden.

Ja, ich empfehle Selbstmord.

Manchmal gibt es Situationen, wo der einzige ehrenvolle Weg der Rettung im Selbstmord zu finden ist. Unsere Partei ist in einer eben solchen Situation.

Wir hätten dies vier bis fünf Jahre zuvor tun sollen. Als wir im Juni 1918 das Abkommen von Batum unterzeichnet hatten und infolge dieses Abkommens ein unabhängiger armenischer Staat entstand und seinen bescheidenen Platz in der gleichen Reihe mit anderen Staaten einnahm, als wir im August desselben Jahres das armenische Parlament eröffneten, das den neuen Staat formen sollte... Eben dann hätten wir uns auflösen müssen und den Weg für andere politische Gruppierungen frei machen müssen. Unsere historische Mission war beendet. Und was für ein ehrenvolles Ende unserer langen, schwierigen Tätigkeit mit blutigen Kämpfen und gewaltigen Opfern während eines Vierteljahrhunderts wäre das gewesen.

Aber wir begriffen in jenen Tagen nicht, dass die Geschichte in eine neue Epoche getreten war, und dass sich in dieser Epoche die Kräfte neu formieren müssen. Wir begriffen es nicht, und hatten nicht den Mut, es zu begreifen.

Selbst wenn es ein entschuldbares Verhalten wäre, dass wir vor vier bis fünf Jahren, in der Situation des Revolutionsfiebers, das Nötige nicht begriffen hatten, heute ist die Lage äußerst klar. Die neuen Lebenserfordernisse sind unmissverständlich.

Die heutige Wirklichkeit nicht zu verstehen, hieße auf beiden Augen blind sein. Wenn wir heute keine Entschlossenheit an den Tag legen, erwartet uns nur Niedergang und Ehrlosigkeit.

Parteien leben mit ihrer Tätigkeit. Gibt es keine Tätigkeit sondern an deren Stelle nur einen Abklatsch davon, ist das Ende unausweichlich.

Um ihr Leben und ihre Zukunft retten zu können, muss die ARP Daschnakzutjun ihre eigenen Reihen schonungslos säubern, unzuverlässige und wankelmütige, schwache und ermüdete, unüberzeugte und hoffnungslose, faule und unbekümmerte Elemente, also neun Zehntel der vorhandenen Mitglieder, vielleicht auch mehr, hinauswerfen. Von da an bleibt ein verlesener, von der Moral her gesunder, entschlossener Kern, der blind vertraut, zu jedem Opfer bereit ist, vor nichts zurückschreckt, und es wird nötig werden, dass dieser Kern völlig konspirativ arbeitet. Hierbei wird es sich natürlich nicht um eine politische Partei handeln sondern um eine geheime Verschwörerorganisation wie in der ersten Zeit der Daschnakzutjun.

So, und nur so, kann unsere Partei ihr Dasein retten, kann wieder auferstehen und ihre Fahne tragen.

Aber um welchen Preis?

Im Erfolgsfall um den Preis, das Anliegen der Armenier politisch zu riskieren und dem armenischen Volk neue Prüfungen aufzuerlegen. Und es würde erforderlich sein, dass die Retter der Partei davor nicht zurückschrecken und unbeirrt vor diesem Hindernis nicht haltmachen.

Ich kann mir nicht vorstellen, dass es unter uns jemanden gibt, der, wie sehr auch immer der Partei-Ideologie ergeben, die Partei bewusst um einen solchen Preis retten möchte.

Die Partei ist nicht Selbstzweck, und wenn jemand diese Tatsache vergisst, muss er als Verräter, als gefährlich und schädlich betrachtet werden. Das armenische Volk ist kein Rohmaterial für die Daschnakzutjun. Wenn wir uns (bewusst oder unbewusst) wie jemand verhalten, der vom Parteifanatismus erfasst worden ist, würden wir ein beispielloses Verbrechen begehen.

Die ARP Daschnakzutjun war ein Werkzeug in der Hand der Geschichte. Nachdem das Werkzeug seine Pflicht getan und sich abgenutzt hat, oder wenn die Fortsetzung der Arbeit ein neues Werkzeug erfordert, wird das alte Werkzeug weggeworfen und muss auch weggeworfen werden. Ein altes Werkzeug kann lediglich als Objekt der Verehrung und der Dankbarkeit, der Liebe und des Kults bleiben. Aber sein Platz ist im Nationalmuseum.

Für die Weiterführung der armenischen politischen Frage ist Daschnakzutjun nunmehr nutzlos und muss sich von der Bühne zurückziehen.

Ich spreche dauernd von der armenischen politischen Frage, komme immer wieder auf dieses Thema zurück, denn ich kann die Daschnakzutjun von dieser Frage nicht trennen. Ich kann mir das ganze Dasein unserer Partei nur im Zusammenhang mit dieser Frage denken. Deshalb ist es auch natürlich, dass ich, wenn ich das Wort an den Kongress der Daschnakzutjun richte, keinen anderen Ausgangspunkt finde, als meine Einschätzungen zu begründen und die Richtung meiner Gedanken darzulegen.

Ich frage: Stirbt unsere Arbeit, wird die politische Befreiung der Armenier zusammen mit uns sterben?

So zu denken wäre extremer Egoismus; nicht bloß Egoismus, es hieße auch, historische Vorgänge extrem einfältig zu beurteilen.

Obwohl ich vor einem Jahr in *Tschakatamarta* schrieb, dass der Tod der ARP Daschnakzutjun der armenischen politischen Sache schaden könnte, hatte ich gleichzeitig an derselben Stelle vermerkt, dass die eigentliche Reichweite der Daschnakzutjun die Organisationen unserer Partei längst gesprengt hat; unsere Partei ist nur eine der Methoden des Ausdrucks des kämpfenden Armeniertums, mehr nicht; die Bezeichnung Daschnakzutjun kann sogar ganz verlorengehen, in Vergessenheit geraten, aber der von Daschnakzutjun geborene stolze Geist, die Freiheitsliebe sterben nicht, und das ist auch die wahre Daschnakzutjun. Die Partei, besser gesagt, die heutige Organisation kann sich auflösen, aber das Prinzip und die Arbeit werden weiterleben.

Sie werden nicht nur nicht sterben, sie werden neue Lebenskraft gewinnen.

Und nur deshalb - in der Absicht, die Sache aufrechtzuerhalten und damit sie sich künftig entfalten kann - empfehle ich der Partei, den Freitod zu wählen.

Wir müssen eins verstehen: Die armenischen Bolschewiki, unsere Nachfolger sind genötigt, unsere Arbeit fortzusetzen und führen sie fort. Ob sie es merken oder nicht, ob sie wollen oder nicht, sie sind dazu genötigt. Auch sie sind, ebenso wie wir, ein Werkzeug in der Hand der großen Lehrmeisterin, der Geschichte. Wir haben unsere Arbeit getan. Wir haben eine Periode abgeschlossen, die Fortsetzung gehört ihnen.

Wir müssen den Bolschewiki dankbar sein. Sie haben uns gestürzt und haben die von uns begonnene Arbeit (wenn auch nicht "gerettet") auf bessere Schienen gesetzt. In jenem kritischen Moment, als wir unter der Last unserer Arbeit eingeknickt waren, sind sie gekommen und haben uns abgelöst.

Unser Kampf ist nicht gestorben.

Es stimmt. Armenien ist heute kein unabhängiger Staat. Es ist nur ein, an die Russische Föderation gebundenes, autonomes Gebiet. Aber wie können wir das wissen; vielleicht ist das heute die geeignetste Situation für Armenien.

Die Wirklichkeit hat uns Folgendes bewiesen. Unter den geltenden misslichen Voraussetzungen sofort einen unabhängigen Staat zu gründen, übersteigt die Kraft des armenischen Volkes. Um einen mittleren Stand zu erreichen, diesen Stand zu halten und Staatsroutine zu erlangen, braucht es eine politisch vorbereitete Klasse. Damit sich diese Klasse nach enormen Brandungen, Metzeleien und Plünderungen organisieren und ihre Kraft sammeln kann, muss sie eine Periode der Ruhe erleben. Gewähren wir ihr diese.

In dieser Situation kann die Daschnakzutjun den Bolschewiki nicht helfen; bleibt nur, sie zu hindern. Und eben das wäre dann ihre Hilfe an die Bolschewiki. Aber um nicht zum Hindernis zu werden, gibt es nur einen Weg: von der Bühne verschwinden.

Wir hören oft, für die Lösung unserer Frage werde es nicht reichen, nur einer Linie zu folgen; denn Vorsichtsmaßnahmen erfordern neben einer Tendenz und parallel zu ihr das Vorhandensein einer weiteren Tendenz. Die armenischen Bolschewiki folgen der russischen Linie, lasst sie dies tun, man muss aber auch andere Möglichkeiten vorsehen. Beispielsweise sind heute die russischen Bolschewiki mit den Türken an einer gemeinsamen Front, aber morgen kann dieser künstliche Block auseinanderbrechen, und wir könnten gezwungen sein, eine gemeinsame Basis sowohl mit den Türken als auch mit den hinter ihnen stehenden Europäern zu finden. Also muss man unsere Beziehungen zu den Türken von morgen bewahren. Auch wenn für die Daschnakzutjun nichts zu tun bleibt, so muss sie doch die gegenwärtige antibolschewistische Haltung zumindest für diesen Zweck bewahren.

Um es kurz zu machen, ich bin weder gegen diese Möglichkeit noch gegen das Vorhandensein einer weiteren Tendenz.

Nur, ich bleibe dabei, dass diese Rolle nicht für die ARP Daschnakzutjun passt. Bei Verhandlungen mit den Türken ist die Daschnakzutjun ein noch ungeeigneterer Gesprächspartner als bei Verhandlungen mit den Bolschewiki. Sollte es eines Tages nötig sein, mit den Türken zu verhandeln, müssen Leute mit anderem Verständnis, mit anderer Psychologie und, was am wichtigsten ist, mit anderer Vergangenheit (oder ohne Vergangenheit) auftreten. Und in diesem Punkt wäre die Daschnakzutjun nicht von Hilfe sondern im Gegenteil ein Hindernis.

Es wird gesagt, das bolschewistische Regime und die bolschewistische Herrschaft seien nicht ewig. Das heißt, der Bolschewismus kann auf die eine oder die andere unerwartete Art kurz- oder längerfristig fallen. Daher braucht es eine Reservekraft, eine andere Organisation, um an die Stelle des Bolschewismus zu treten, das

Ruder in die Hand zu nehmen, damit das Land nicht in Anarchie verfällt.

Die Daschnakzutjun muss wenigstens für jenen Tag erhalten werden.

Und diesen Punkt möchte ich diskutieren: Ich behaupte, selbst wenn ein solcher Zustand einträte, wird die Daschnakzutjun nicht die Regierung bilden, und ich bleibe bei dieser Behauptung.

Wenn sich die jetzigen politischen Umstände wesentlich wandeln, wird die der armenischen Wirklichkeit nicht entsprechende fremde Sowjet-Herrschaft ihren Platz anderen politischen und gesellschaftlichen Gruppierungen überlassen, wird ihre Rolle als erfüllt und beendet betrachten. Aber die Kraft, die an die Stelle der Bolschewiki treten wird, ist nicht die Daschnakzutjun.

Neue Voraussetzungen werden neue Anforderungen mit sich bringen.

Politische (und insbesondere revolutionäre) Parteien, können sich nicht allen Tagesanforderungen anpassen und sich permanent erneuern. Sie treten in bestimmten Perioden auf, bedienen sich bestimmter Mittel und erfüllen bestimmte Aufgaben. So sehr es eine Partei auch wünschte, sie kann sich ihrer Vergangenheit nicht entledigen. Die Vergangenheit wird sie stets einholen und sie umzingeln: Erinnerungen, Gewohnheiten, Beziehungen, Sympathien, Antipathien werden (gewollt oder ungewollt und unbemerkt) aufkommen und werden in die tägliche Arbeit eine Art Anarchie hineinpflanzen.

Man steckt neuen Wein nicht in alte Schläuche, denn es reißt der Schlauch und der Wein läuft aus.

In der Vergangenheit war die ARP Daschnakzutjun für Armenien und für die armenische Sache nötig. In Zukunft braucht es sie nicht mehr. An ihre Stelle wird eine andere Daschnakzutjun, vielleicht die Daschnakzutjun des armenischen Staates treten.

Für ARP Daschnakzutjun gibt es nichts mehr zu tun ... weder heute, noch morgen, noch in Zukunft. Sie muss ihr eigenes Dasein beenden. Sie muss das wegen ihrer Vergangenheit, für die Rettung ihres Namens und ihrer Ehre tun.

Sehen wir uns mal um: Leben wir denn etwa heute noch? Ist das etwa noch Parteiarbeit und Parteileben? Sieht man etwa nicht, dass wir nunmehr in ein Stadium der Entartung geraten sind und dass die Gründe dafür nicht zufällige und äußerliche sind, sondern interne und organisatorische?

Die heranwachsende Generation, die Jungen, stehen nicht mehr (wie vor 20-25 Jahren) zu uns. Es beteiligen sich nicht frische begeisterte Kräfte voller Überzeugung, die an die Stelle derer treten, die ermüdet sind, die ihren Glauben und ihren Schwung verloren haben. Im Gegenteil, sie laufen vor uns davon oder verderben die Partei oder (und das ist das Schlimmste) sie sind nur müßig, unbekümmert, ohne Elan und Energie, besitzen keine Arbeitsfähigkeit; es bleiben nur solche mit Todeskälte im Herzen und leichtem Hohn auf den Lippen.

Wir weigern uns, den Tatsachen ins Gesicht zu sehen, entwickeln die Gewohnheit, für Ereignisse banale Erklärungen vorzubringen und zu rufen: Schurken, Schmarotzer, Käufliche und Feiglinge verlassen uns; die guten, aufrichtigen, selbstlosen, solidarischen, geistig und seelisch gesunden Leute bleiben wie immer bei uns. Ist das etwa eine Erklärung? Ähnelt das nicht den törichten Erklärungen der Bolschewiki, wonach die Daschnakzutjun aus käuflichen Leuten der Bourgeoisie, aus Banditen, Räubern und jeder Art von Abenteurern bestehe?

Das ist keine Erklärung: Das sind Worte eines naiven Kindes oder eines hoffnungslosen Demagogen.

Unsere Partei verkommt, denn sie hat ihre *raison d'être* verloren.

Das ist die bittere Wahrheit! Wir müssen mannhaft genug sein, um uns diese Wahrheit einzugestehen und die erforderlichen Konsequenzen daraus zu ziehen. Das Resultat ist: Wir müssen unser Dasein beenden.

Ich weiß, diese Konferenz ist nicht befugt, zu solchen Themen einen Beschluss zu fassen, wohl aber das Thema auf die Tagesordnung zu bringen und Mittel für dessen Lösung zu finden.

Zu diesem Zweck schlage ich der Konferenz Folgendes vor:*

(...)

Mit Genossengruß
Hov. Katschaznouni
Bukarest, März 1923

* Ab hier werden nur für die Partei relevante Vorschläge aufgezählt. Ich habe nicht das Recht, diese hier zu publizieren. How. Katschaznouni.

ANHANG

In Zusammenhang mit dem von mir veröffentlichten Bericht habe ich von meinem Genossen und persönlichen Freund N.N. einen Brief mit kritischem Kommentar erhalten und ausführlich beantwortet.

Ich finde es erforderlich, die Leser an meinem Antwortbrief mit einigen Kürzungen teilhaben zu lassen, denn in diesem Brief wurden meine grundlegenden Ansichten zu demselben Thema weitergehend veranschaulicht.

O.K.

Lieber N.N.

Deinen Brief habe ich am 22. Juni erhalten.

Zu hören, dass jene, die meinen Bericht, wie du sagst, *ad hominem* [1] interpretieren, diesem nicht folgen und ihm nicht zustimmen, ist beruhigend. Ich kann mir vorstellen, welcher Art diese Interpretationen sind.

Wer weiß, vielleicht sind diese Interpreten im Recht. Denn den Rest dieses *homo sum, et humani nihil ...* [2] kennst du ja (ich verlasse mich da nicht auf mein Lateinwissen).

1 Ad hominem - persönlicher Antrieb (d. Übers.)

2 Homo sum, et humani nihil ... - Redewendung im Sinne: Mir ist nichts Menschliches fremd.

Du selbst hast dich damit begnügt, an meinen geistigen Fähigkeiten zu zweifeln.

Vielleicht hast du Recht (pflegte Nasreddin Hodscha in solchen Situationen so zu sagen); wer von uns kann schon, nach allem, was wir erlebt haben, garantieren, dass er das geistige Gleichgewicht bewahrt hat?

Was moralischen Bankrott und Denkschwäche betrifft, sollen das etwa Argumente gegen meine Thesen sein ?

Du schreibst, mein "Nekrolog"[3] sei "sorgfältig und auf logischen Fakten" aufgebaut.

Weißt du, warum?

Die Sache ist die, mein Bericht ist nicht "eine Spielerei, Ansichten und dergleichen", der aus Arbeitsmangel angefertigt worden ist. In diesem umfangreichen Text gibt es kein einziges Wort, keine einzige Ansicht, die ich nicht zuvor zehn Mal überdacht bzw. erwogen habe.

Gib zu, wie der kluge Poloni Hamlet betreffend sagte, "wenn das ein Wahnsinn ist, so hat er doch Methode".

Stand es mir nicht zu, auf die "logischen Tatsachen", nicht Prophezeiungen zu meinem moralischen und geistigen Zustand, sondern gleichermaßen logische oder sonst irgendwelche Begründungen zu erwarten?

Aber du schreibst, dass meine Ansichten "an der Konferenz niemand zu beurteilen versuchte".

Warum?

(...)

Ich habe bessere Ansichten über meine Genossen, als sie über mich, aber wenn ich sage, dass die Konferenzteilnehmer eben in der Engstirnigkeit von Parteigrenzen befangen waren, entferne ich mich nicht so sehr von der Wirklichkeit.

3 "Nekrolog"- Nachruf für einen Toten über sein Vorleben und seine Ansichten (d. Übers.)

Wenn ich von mir sage, ich habe mich von ähnlichen Schwächen befreit, darfst du das nicht für unbescheiden halten.

Ich bin kein Parteiangehöriger in engem Sinn und war es nie. Während so vieler Jahre bin ich deshalb innerhalb der Partei allein geblieben. Ich war bloß ein Armenier, ein patriotischer Armenier. Da hast du ein beflecktes, mit so viel Schmach und Hohn belegtes Wort. Aber Tatsache ist, mein ganzes Dasein besteht in diesem Wort. Ich liebe die armenische Heimat und das armenische Volk ... Ich liebe dieses arme Land mit seiner rauhen Natur und das unwissende, schlampige, verschlossene, in sich selbst verliebte und auf sein Vorteil bedachte Volk mit all seinen Mängeln und Wunden ...

Ein Franzose würde da sagen: *c'est plus fort, que moi*[4]

Ich liebe es und fühle mich als untrennbarer Teil von ihm; sein Blut ist mein Blut, seine Seele ist meine Seele ... Ich habe mein persönliches Glück mit seinem kollektiven Glück verbunden.

Magst du dich an unsere Gespräche während unserer langen Reise erinnern?

Du sagtest, dass die Beziehung zwischen dir und dem armenischen Volk *ideeller* Art sei. Du sagtest, zunächst hätten dich Bewusstsein und Pflichtgefühl an die Partei -dann an Staatsgeschäfte gebunden. Ich hingegen habe zum Ausdruck gebracht, dass meine Beziehung *organisatorischer* Art sei.

Ich weiß nicht, inwieweit es dir gelungen war, dein Innenleben richtig zu analysieren, ich aber sagte die Wahrheit.

Aus mir spricht der Armenier. Hier liegt eben auch die Erklärung für meine Ansichten; sucht nicht nach einer anderen Erklärung, ihr würdet euch irren. Wer in mir urteilt, vergleicht und die Wahl trifft, ist der Armenier.

Aus meiner Sicht hat die Partei nur eine Bedeutung, weil sie die Fähigkeit hat, eine bestimmte Arbeit auszuführen; darüber hinaus be-

4 *c'est plus fort, que moi* - Das ist stärker als ich selbst. (d. Übers.)

deutet sie nichts. Die Partei für sich ist für mich nie ein Kultobjekt gewesen. Ich war schon immer der Überzeugung, dass der Mensch nicht für das Fasten, sondern das Fasten für den Menschen da ist.

Natürlich sind meine Worte *banal,* und niemand sagt das Gegenteil. Sagt es nicht, aber tut er es (bewusst oder unbewusst) auch nicht?

Es ist nicht leicht, sich der Parteipropaganda zu entziehen. Ein langandauerndes Parteileben beeinflusst die geistige Haltung eines Menschen. Der Mensch erfasst die Themen, erörtert sie und löst sie im Rahmen der Parteidisziplin.

Ferner: Mit der Zeit hört die Partei auf, ein Werkzeug zu sein und wird selbst zum Zweck. Die Probleme werden dem Werkzeug untergeordnet. Die Parteiarbeit wird für einen Parteiangehörigen zu einer Art Gewerbe (Verzeih den derben Ausdruck, ich finde keinen anderen).

Ich erinnere mich an Gespräche vor vielen Jahren mit dem verstorbenen Rostom. Es war zu Beginn der Revolution im Iran. Es wurde über unsere Beteiligung an dieser Revolution gesprochen. Ich bestand darauf, dass Daschnakzutjun im Iran nichts zu tun habe. Sich dort einzumischen wäre ein simples Abenteuer.

"Gut," entgegnete Rostom, "in Russland wurde die Revolution niedergeschlagen, in der Türkei haben sie sich mit den Reformern geeinigt, und im Iran dürfen wir uns, wie du sagst, nicht in die Kämpfe einmischen ... Gut, und was sollen *wir* tun?"

In seinem Gesicht war ein angenehmes, ihm eigenes Lächeln, das zeigte, dass er die Frage aus Jux gestellt hatte. Du aber vermutest, dass hinter dem Spaß in Wirklichkeit im tiefsten Kern dieser beunruhigenden Frage Rostoms, der ein außergewöhnlich guter Parteiangehöriger war, eine tiefgründige psychologische Bedeutung verborgen sei.

Für mich traf so etwas nicht zu und tut es auch heute nicht. Für mich ist, offen gesagt, Rom wichtiger als Caesar. Caesar hat nur deshalb eine Bedeutung, weil er für Rom erforderlich war.

Wenn ich sehe, das Armenien und die Armenier meinen, dass sie unter den gegebenen Umständen die Bolschewiki brauchen, sage ich: Wir wollen unseren Platz den Bolschewiki überlassen. Das ist ihr gutes Recht, denn nur sie können die Lage retten.

Die Konferenz wollte dieses Thema nicht einmal diskutieren.

Warum?

Weil, lieber N.N., jeder einzelne Teilnehmer, sich die folgende Frage insgeheim, vielleicht unbewusst, gestellt hat: "Gut, und was sollen wir tun?"

Meiner Meinung nach hat dieses Wörtchen "wir" den Verstand der Konferenz in Ketten gelegt. Und wer ist "wir", das heißt in Wirklichkeit "sie", für die die Partei faktisch das Leben war und die jetzt nicht wissen, was sie tun sollen?

Das sind einige Dutzend oder bestenfalls einige hundert Leute.

Stimmt meine Feststellung, so heißt das, dass kein Aufruf, keine Warnung diesen unbesiegbaren Selbsterhaltungstrieb erschüttern kann. Ich kann dich nicht überzeugen, denn hier zählt nicht Einsicht. Hier prallen stärkere Dinge gegeneinander.

Ich schreibe nicht, um dich zu überzeugen. Ich will bloß, dass du mich richtig verstehst.

Gewiss kann man auch eine neue Frage stellen. Für wen ist es nötig, dass du mich richtig verstehst; oder was passiert schon, wenn du meinen Bericht falsch interpretierst? ... In diesem Fall ist es hier angebracht, dich an den Antrieb, *ad hominem,* an die Bande, zu erinnern, die mich als Genosse und Freund mit dir verbinden und es erfordern, das ich es dir erkläre. Dieses mein Schreiben ist ebenso wie dein Brief vom 2. Juni "ohne Hintergedanken"; es gibt keine bestimmte Absicht, es geht nur um ein geistiges Bedürfnis.

Vielleicht gibt es da noch etwas: Wenn ich dir schreibe, ist es, als ob ich mich über dich an eine große Menschenmenge wenden würde, die wünscht, dass Licht in die Angelegenheit gebracht werde.

Ich lese nochmals deinen Brief.

Ich sehe, es ist dir nicht gelungen, alle Themen, die ich in einem längeren Bericht behandelt habe, in einem einzigen Brief unterzubringen. Weiter hast du auch die wenigen Themen, über die du schreibst, nicht durch hinlängliche Begründungen untermauern können.

Was aber das Wichtigste ist: Das Wesentlichste ist gesagt worden, und du hast gegen meine Thesen das schwerwiegendste Argument vorgebracht ...

Und ich bin verblüfft; sieht dieser Mann nicht direkt, wie zerbrechlich, schwach und wie wenig überzeugend seine Argumente sind?

Du widersprichst sogar meiner Ausführung: "Die ARP Daschnakzutjun wurde nicht als eine Partei gegründet, die einem entfernten Sozialismus entgegenfiebert, sondern als eine Partei, die dafür vorgesehen wurde, einem bestimmten Zweck zu dienen", ohne zu versuchen, meine Vorgehensweise zu verstehen. Du fragst, auf welche Fakten ich mich stütze, wenn ich sage, die Daschnakzutjun habe ihre Mission beendet, denn heute gibt es noch kein unabhängiges Armenien.

Deine Frage offenbart, dass du meinem Bericht nicht ausreichend zugehört hast, oder aber dass, es mir nicht gelungen ist, es ausreichend zu erläutern. Ich habe mir deine Frage selbst gestellt und beantwortet (ich war in der Tat genötigt, meinen Bericht sehr kurz und schematisch abzufassen).

Ich wiederhole:

Die Daschnakzutjun hat sich verbraucht. Dies ist nicht in dem Sinn gemeint, sie habe nun ihr Ziel und die Ideale (Ideale sind, wie mathematische Werte von "Variablen", stets vorne; man kann sich ihnen nähern, sie aber nie erreichen), die ihren Daseinsgrund darstellten, erreicht. Das Thema ist folgendes: Die Daschnakzutjun hat nun einen bestimmten Weg zurückgelegt, ihr Daseinsobjekt hat ein bestimmtes Stadium erreicht, und diese Partei kann nicht mehr als Führung dienen.

Erlaube mir, diese (meine) These noch einmal anschaulich darzulegen.

Wir sind vom Sasun-Gebirge und Varag-Plateau in Richtung Ararat-Tal hinuntergestiegen, wir sind über Gebirgspfade, wo nur "Wrschiks" herumklettern können, sind in der Abenddämmerung in Form von "Hajduken Humbas" durch den Schnee gestapft, wobei wir uns unter Felsen versteckten; wir sind über harte Wege herumgeirrt und haben auch das armenische Volk herumirren lassen, aber wir sind trotzdem vorangekommen ... wobei wir Saat der Freiheit verstreut haben.

Wir, die wir Blut verloren und geschwächt waren, haben am Ende ein breites Tal erreicht. Dort öffneten sich vor unseren Augen neue Horizonte.

Das Ararat-Tal, ist die erste große Etappe auf unserem langen Weg.

Nun stießen wir aber dort auf Kräfte einer neuen Ordnung, und die Kampfvoraussetzungen waren andere.

An einem Ort, wo die Eisenbahn fuhr, wo Truppenbewegungen stattfanden und wo Maschinengewehre sprachen, waren die barfüßigen "Wrschik's", "Hajduken Humbas" und "Onpat's"[5] unserer Jungens wirkungslos. Andere Voraussetzungen, bedeutet andere Maßstäbe, auch die Kampfmethoden mussten anders sein.

Glaub nicht, dass wir als Partei für die neuen Voraussetzungen Eintracht sichern und die alten Methoden leicht würden ändern können. Unsere zweieinhalbjährige Erfahrung in Staatsführung hat gezeigt, wie sehr uns die Vergangenheit behindert hat, wie schwach wir selbst in unseren Reihen waren. Das dreisigjährige Parteileben

5 Muskete, Gewehr für zehn Patronen.

hat uns seinen unabwischbaren Stempel aufgedrückt; Bräuche und Gewohnheiten haben unsere Denk- und Handlungsweise geprägt.

Das Wichtigste aber ist, unser Gesprächspartner ist jetzt Sowjetrussland. Diese größte und entschlossenste Macht ist entweder mit uns oder gegen uns.

In der Vergangenheit waren wir der törichten Idee verfallen, wir könnten uns von der russischen Hegemonie befreien und im Westen Unterstützung finden. Wir haben heute kein Recht mehr, derlei Hoffnungen zu hegen. Heute ist unsere einzige Stütze Sowjetrussland. Wir können nicht gegen dieses kämpfen. Selbst wenn wir das könnten, dürften wir es nicht tun. Denn dieses benötigen wir zwar nicht als soziales System oder als Staatsregime (Kommunismus oder Klassendiktatur) aber als politische Macht.

Armenien muss im Bündnis mit Sowjetrussland sein. Einen anderen

Weg gibt es nicht.

Aber du weißt: Unsere Partei kann mit der bolschewistischen Herrschaft kein Bündnis bilden, denn die Bolschewiki wollen uns nicht anerkennen. Und wir sind nicht imstande, sie dahingehend zu beeinflussen, dass sie unsere Freundschaft wünschen und uns wertschätzen.

Nur die armenischen Bolschewiki können ein Bündnis mit Russland bilden. Die ARP Daschnakzutjun ist für Armenien nicht mehr nötig.

In ebendiesem Sinn hat unsere Partei ihre Mission erfüllt. Es gibt für sie nichts mehr zu tun, und sie muss ihrem Dasein ein Ende setzen.

Die Aussage "die armenischen Bolschewiki sind unsere Nachfolger" mag dir lächerlich erscheinen (hätten sie diesen Ausdruck gehört, hätten die Bolschewiki noch mehr gelacht).

Aber mich bringt das nicht zum Lachen. Ganz im Gegenteil: Das Unverständnis von beiden von euch erstaunt mich, denn was ich sage, ist simple Realität. von sich weisen

Wenn Daschnaken den Namen Bolschewik hören, rufen sie: "Wir weisen den Teufel von uns."

Und wenn Bolschewiki den Namen Daschnak hören, rufen sie: "Wir weisen den Teufel von uns."

Ruft nicht vergebens, Genossen! Ihr könnt ihn nicht wegleugnen. Das hängt nicht von eurem Wunsch oder von eurer Wahl ab.

Die Daschnakzutjun hat sich der armenischen Sache angenommen, hat sie vorangetrieben und die politische Befreiung des armenischen Volkes bis zu einem gewissen Punkt getragen; ab diesem Punkt müssen die armenischen Bolschewiki ihren Platz einnehmen.

Das ist der historische Ablauf.

Versuch mich zu verstehen: Wer zum Tod verurteilt ist, das ist nur die Daschnakzutjun-Partei. Der Kampf aber lebt weiter.

Du sagst, Armenien sei nicht unabhängig.

Natürlich ist es nicht unabhängig. Aber vergleichen wir die heutige Lage bezüglich Unabhängigkeit mit der Lage vor dem Krieg, so sehen wir, welch großer Anlauf erfolgt ist.

Erinnere dich, mit welcher Begeisterung wir die Bildung einer "Inspektoren"-Kommission in den Provinzen von Türkisch-Armenien begrüßt haben und wie wir dem Beginn der Einsetzung der Gemeindeverwaltung im Armenien von Südkaukasien entgegenfieberten ... Dabei ist die Mjasnikow- oder Lukaschin-Regierung etwas Bedeutenderes als eine "Inspektoren"-Kommission in den Provinzen Türkisch-Armeniens oder die Gründung einer Gemeindeverwaltung in Südkaukasiens Armenien.

Dieses "Bedeutendere" kann man natürlich mit den Verlusten und den von uns gebrachten Opfern nicht vergleichen. Wir hätten das schon 1914 bedenken sollen, als wir die Freiwilligen-Truppen aufstellten, oder noch früher, als wir Daschnakzutjun gründeten oder uns von Gamar Katil's "Freiheitsliedern" inspirieren ließen.

Armenien ist nicht unabhängig. Ja! Aber es hat einen großen Schritt nach vorne getan, und um den nächsten Schritt tun zu können, muss es die Stellungen festigen, die es schon errungen hat.

Die Festigung muss unter der Flagge der Bolschewiki realisiert werden (und wird nun auch verwirklicht); eben deshalb sind die armenischen Bolschewiki unsere Nachfolger.

Ich kenne die armenischen Bolschewiki nicht. Ich habe keine persönliche Bekanntschaft mit ihnen gemacht. Ich habe keine Möglichkeit, ihre Tätigkeit aus der Ferne zu beobachten. Ich kenne die vorherrschende Ideologie nicht, aber im tiefsten Herzen habe ich eine feste Überzeugung ... Auch sie sind Armenier, und sie sind so sehr Armenier, dass der Kommunismus (der ja an sich kein Hindernis ist) sie nicht daran hindert, wie ein Armenier zu denken und sich als solche zu fühlen. Denn ich bin selbst ein überzeugter Kommunist. Ich glaube an die Bibel von Kropotkin, aber diese Bibel, hindert mich nicht nur nicht daran, ein Armenier zu sein, sondern verleiht mir im Gegenteil neuen und noch stärkeren Rückhalt, meine nationale Identität zu bekunden. Ich weiß, mein Kommunismus ist nicht der Staatskommunismus der Bolschewiki, und die Bolschewiki schlagen solchen mangelhaften Kommunisten, wie ich einer bin, sehr gern den Kopf ab. Aber das hat mit ihrer "Herrschaft" keinerlei Zusammenhang. Sind die russischen Bolschewiki etwa weniger "russisch"? Im Gegenteil. Die mit ihrer russisch-nationalen Psychologie, die den russischen Nationalinteressen treu sind, sind noch russischer.

Nehmen wir an, ich irre mich in Sachen bolschewistische Ideologie. Nehmen wir an, die Idee von der Unabhängigkeit auf eigenem Territorium wäre den Armeniern fremd. Sie sind trotzdem gezwungen, unsere Arbeit fortzusetzen, die von uns erreichten Stellungen zu festigen und beim Erzielen künftiger Errungenschaften behilflich zu sein.

Sie müssen dies sogar gegen den eigenen Willen (angenommen, sie hätten entgegengesetzte Wünsche) tun und tun es nun auch.

Schön, damit du sicher sein kannst, dass ich verrückt bin, werde ich noch ein Wort sagen.

Nun, ich sage es: Die armenischen Bolschewiki sind eigentlich Daschnaken, gegenwärtig die einzigen Daschnaken. Sie sind eher Daschnaken als du und ich.

Denn in dem Punkt, wo du und ich schwach sind, haben sie unseren Platz eingenommen und verrichten die Arbeit unseres Lebens.

Die Armenier sind nicht unabhängig ...

Aber wann haben wir eigentlich daran gedacht, einen unabhängigen Staat zu gründen? Wussten wir nicht, selbst in Augenblicken, als unsere Begeisterung und Leidenschaft den Höhepunkt erreichte, dass wir nicht unabhängig sein können würden, dass wir unweigerlich von irgendwelchen Leuten "abhängig" sein würden?

Natürlich wussten wir es und suchten infolgedessen seit dem ersten Tag unserer Herrschaft nach einer "Mandatsmacht".

Das Problem war bloß, von wem und in welchem Maße wir abhängig sein sollten.

Das Problem wurde zugunsten von Russland gelöst, und Armeniens Staatliche Unabhängigkeit wurde durch Moskaus ernsthafte, aktive Überwachung begrenzt. Vielleicht hätten wir Amerika vorgezogen ...

Aber die Geschichte hat eine ihr eigene Logik. Wir können sie nicht ändern.

Die Sowjetrepublik ist das höchste Niveau der Unabhängigkeit, das Armenien unter den heutigen Gegebenheiten erreichen konnte.

Und das ist keine Kleinigkeit.

Auf alle Fälle ist Armeniens Gegenwart und Zukunft in einer viel besseren Art gewährleistet als das im November 1920, in den Tagen, als wir in Eriwan saßen und den Staat lenkten, der Fall war.

Erinnere dich an jene Tage!

Denk an die schreckliche Zeit, als wir am Ende unserer Kräfte waren, als die Bolschewiki auftauchten, uns versprengten und das Land verteidigten.

Das sind Tatsachen.

Es steht auch außer Diskussion, das gegenwärtig in Armenien keine Kraft besteht, die an die Stelle der Bolschewiki treten könnte. Armenien braucht die Bolschewiki.

(...)

Soviel ich verstanden habe, leugnest du diese sehr einfachem Tatsachen nicht, aber du hast Ansprüche, die noch nicht befriedigt sind, und du stellst in diesem Punkt die Daschnakzutjun an die Stelle der Bolschewiki.

"Wo ist das versprochene Armenien?" fragst du. Steht eine solche Forderung auf der Fahne des Bolschewismus geschrieben?

Steht sie nicht.

Und wir, die wir diese Forderung in Parteibeschlüssen ständig wiederholten, welche Perspektiven haben wir denn? Ist diese Forderung ernst oder nur eine Formel, um uns zu trösten? Was bedeutet diese Forderung im Hinblick auf das beseitigte Türkisch-Armenien und die siegreiche Türkei heute - im Januar 1923?

Wann werden sich diese "zwei" Armenien vereinigen? Versuchen wir, ein wenig realistisch zu sein, denn das ist die Hauptpflicht eines Staatsmannes.

Ein "zweites" Armenien existiert nicht mehr.

Das ist ein furchtbares Wort, aber kann es am Kern der Sache etwas ändern, indem man es nicht ausspricht?

Als das Abkommen von Sèvres unterzeichnet worden war, konnten wir gewisse Hoffnungen hegen. Können wir heute dasselbe sagen? Wer soll von der Türkei armenische Provinzen verlangen, auf denen kein einziger Armenier lebt? Wer soll die türkischen Truppen und die kurdischen Stämme von dort wegjagen? Wer soll die in der ganzen Welt verstreuten kümmerlichen Reste der türkischen Armenier zusammenbringen und sie heimführen, das zerstörte Land aufbauen? Wer soll die Lebensvoraussetzungen gewährleisten? Wer soll die langen Grenzen schützen, und wer soll die Türken daran hindern, ins Innere unseres Landes einzudringen?

Wer soll Armenien die politische Unterstützung, die militärischen Kräfte und waggonweise Gold geben, um diese ernste und äußerst schwierige Aufgabe zu bewältigen?

Die Bolschewiki bringen das Thema "Vereinigung" nicht auf die Tagesordnung ...

Jawohl! Kann die ARP Daschnakzutjun dieses bolschewistische Versäumnis beheben? Auf wenn oder worauf soll sie sich stützen, um dieses gewaltige Werk zu vollbringen? Natürlich auf ausländische Mächte. Denn drinnen sind die Türken.

Ich wiederhole: 1919-1920 konnten wir in trügerische Hoffnungen verfallen, aber haben wir das Recht, in der gegenwärtigen Lage, wo nicht einmal ein erbärmliches *Home* Schutz und Schirm findet, diesen Tatsachen gegenüber blind und taub zu sein?

Du sagst, die Aufteilung der Türkei könne erneut auf den Tisch der Diplomatie gebracht werden.

Kurzfristig kann ich keine solche Möglichkeit sehen (du auch nicht). Auch längerfristig ist das nicht möglich. Trotzdem, ist es nicht denkbar, dass sich unter veränderten politischen Voraussetzungen auch die Tendenzen der Bolschewiki ändern und sie nicht nur ein "vereinigtes" Armenien sondern eines, das "von einem Meer zum anderen" reicht, fordern könnten?

Wenn der Untergang des Osmanischen Reiches ein historischer Prozess ist, ist nicht auch das Hinuntersteigen der Russen zu warmen Meeren gleichermaßen ein historischer Prozess?

Eine politische Partei darf sich nicht nach Eventualitäten dieser Art richten, sondern nur nach der wirklichen Lage.

Und Tatsache ist die, "vereinigtes" Armenien ist inzwischen eine leere Phrase, und sonst nichts. Heute muss man nicht über eine Vereinigung von Armenien diskutieren, sondern über die Erweiterung der Grenzen wenigstens auf den Stand von 1914. Und vielleicht wird die Sowjetregierung, die sich auf Russland stützt, auch diese Frage lösen können..., die Daschnakzutjun, bei der ich nicht weiß, auf wen sie sich stützt (vielleicht auf armenophile Kleriker oder Philosophie-Doktoren) aber nicht.

(...)

Manche Sprüche habe ich gehört und manche Sachen erfahren: Die Türken haben Angst vor Russland, und wenn Armenien zu Russlands Trabanten wird, werden sie die eroberten Stellungen nie wieder aufgeben. Beispielsweise werden sie Kars nicht mehr zurückgeben, denn sie brauchen es aus der Sicht ihrer Sicherheit. Wenn sich aber Armenien von Russland trennt (das heißt, falls die heutige Sowjetregierung ihren Platz zum Beispiel den Daschnaken überlässt), wird sich die Türkei sicher fühlen, in Grenzverhandlungen kompromissbereiter sein und uns nicht nur Kars und Sürmeli, sondern vielleicht sogar Basen und Eleschkirt zurückgeben.

Steht solch ein Manilow'ismus einer politischen Partei an?

Ich zweifle nicht daran, dass die Türken Angst vor Russland haben und künftig (vielleicht auch bald) eine Tätigkeit vorgesehen haben, ihre Grenzen aus diesem Grund bei jeder Gelegenheit zu verstärken und sie (zum Beispiel Kars) in der Hand behalten wollen. Aber ich habe auch keinerlei Zweifel daran, das ein von Russland abgetrenntes Armenien der Türkei keinerlei Angst einflößen könnte.

Aber ich stelle eine Frage: Warum sollten denn die Türken einem Armenien, das für sie keine Gefahr darstellt, territoriale Zugeständnisse machen?

Welcher Staat hat je eine solche Geste gegenüber seinen Nachbarn gemacht, sodass wir berechtigt wären, von den Türken dies zu erwarten? Warum, unter welchen Erwägungen oder unter wessen Druck sollen die Türken gezwungen sein, uns Kars zurückzugeben? Ist es nicht wahrscheinlicher, dass eine Türkei, die auf keine russischen Truppen stößt, geneigt sein könnte, über Armenien mit Aserbeidschan, das in seinen Absichten ihr Sozius und ihr Glaubensbruder ist, eins zu werden, mit anderen Worten, anstatt Zugeständnisse zu machen, eher daran denken könnte, neue Territorien zu gewinnen?

Das Thema der Erweiterung unserer Grenzen kann nur durch Anlehnung an Russland gelöst werden, denn Russland kann die Türken zwingen, sich zurückzuziehen, und das wäre die praktischste Methode, um Land zu gewinnen. Also wenn es in dieser Sache eine Hoffnung gibt, so liegt sie abermals bei den Bolschewiki, und die ARP Daschnakzutjun hat dabei nichts zu tun.

Ich sage, die Hoffnung liegt bei den Bolschewiki, denn es geht nicht um eine ungewisse und ferne Zukunft sondern um das "Heute".

Und du unterstreichst genau diese ungewisse und ferne Zukunft und konzentrierst deine Argumente auf diesen Punkt.

Du sagst: "Der heutige Zustand kann sich ändern, gut, eines Tages kann sich Russland aus Armenien zurückziehen - wie dies 1918 der Fall war - und sich seinen Geschäften zuwenden."

Es kann uns erneut von Angesicht zu Angesicht mit den Türken lassen und uns zu Verhandlungen mit ihnen zwingen ... an diesem Tag wird es die Daschnakzutjun-Partei brauchen, sagst du.

Wird dieser Tag kommen, und wann wird er kommen? Das weißt weder du noch ich. Wir wissen nur, dieser Tag ist nicht heute.

Ich frage dich: "Kann eine politische Partei, für die es heute nichts zu tun gibt, ihr Dasein für eine vage Zukunft bewahren ... denn die heutige Tatenlosigkeit bringt sie um; über welche Inhalte kann man ohne Tätigkeit sprechen?

Wer hat dir erzählt, dass später, in dem von dir vorgesehenen Zustand, die ARP Daschnakzutjun Armenien befreien wird?

Stell dir vor, dieser Tag sei heute gekommen: Es gibt keine Russen, und die Türken sind Herr der Lage; man muss sich mit ihnen einigen, mit ihnen Frieden schließen; bist du sicher, dass wir als Partei für diese Rolle geeignete Akteure sind?

Aus welchen Gründen sollten wir in den Augen der Türken die gewünschten Partner sein?

Etwa weil wir gegen die Bolschewiki sind? Aber als wir gegen diese waren, waren die Türken mit ihnen befreundet und verfolgten mit ihnen gemeinsame Politik. Als sie in Brest-Litowsk mit den Bolschewiki das Abkommen trafen, haben wir uns gegen die Türken erhoben, und um dieses Abkommen zu sabotieren, haben wir sogar Krieg geführt. Und wir wurden nicht zum Feind der Bolschewiki, weil wir gegen die Türken kämpften; wir waren im Lager der Alliierten, die Feinde sowohl der Bolschewiki als auch der Türken waren. Von den Türken forderten wir ein Armenien "von einem Meer zum anderen" ... wir beanspruchten sowohl Kilikien, als auch Harbert, Sivas und Trabzon. Wir haben das Abkommen von Sèvres unterzeichnet; dieses Abkommen sollte die Türkei erledigen. Wir haben offiziell Appelle an Europa und Amerika gerichtet, sie mögen ihre Truppen in die Türkei schicken und in den Provinzen, von denen die Türken sagten, dass sie unumstritten ihnen gehörten, unsere Herrschaft errichten.

Schließlich ist da noch was: Wir haben, so lange es uns gibt, gegen die Türken Krieg geführt.

Was für eine Sicherheit können wir den Türken suggerieren? Warum sollten sie uns als Partner anderen vorziehen?

Werden sie vielleicht unsere Stärke in Betracht ziehen?

Aber als wir in unserem Land regierten, haben die Türken unsere Stärke gesehen, und ich denke, sie haben keinen besonderen Grund, davor Respekt zu zeigen oder sie zu fürchten.

Hätten wir keine anderen Sorgen, als uns mit den Türken zu einigen, so reichte allein das schon als Grund aus, dass die Daschnakzutjun von der Bühne verschwinde. Als die Türkei das Bedürfnis hatte, ihre Beziehungen zu Deutschland abzubrechen und sich mit den Alliierten zu verständigen, hat sie das Bündnis selbst aufgelöst.

Logischerweise stelle ich eine Frage: Angenommen, es gibt keine Bolschewiki, es gibt keine Daschnakzutjun, schön, wer soll dann also mit den Türken einig werden?

Das ist ein anderes Thema, und ich komme darauf zurück. Wir wollen vorerst feststellen, dass die Seite, die mit den Türken verhandeln soll, jedenfalls nicht die Daschnakzutjun sein wird.

(...)

Das Leben mit den übrigen Nachbarn - Georgiern und Aserbeidschanern - ...

Du sagst, im Hinblick auf das Zusammenleben müsse die Daschnakzutjun erhalten bleiben.

Aber, mein Lieber, du vergisst, dass ein solches Zusammenleben zwischen den Staaten Südkaukasiens, nicht nur im Sinne von freundschaftlichem Miteinander, sondern in Form einer festen Union bereits Wirklichkeit ist.

Du wirst sagen, dies sei die Folge der gegenüber Moskau empfundene Angst.

Es sei so. Tatsache ist, dass die armenischen, tatarischen und geologischen Bolschewiki etwas zustandegebracht haben, was wir, das heißt die Daschnaken, die von der Musawat und die Menschewiki nicht geschafft haben. Man muss zugeben, dass im Hinblick auf das Zusammenleben der Nachbarn die heutige Lage in Südkaukasien, im Vergleich zu der Situation in unserer Ära, besser ist. Jetzt bringen sich die Menschen nicht gegenseitig um, vernichten keine Städte und Dörfer, müssen nicht mit der Waffe in der Hand Tag und Nacht Wache stehen. Sie können sich frei bewegen, können Grenzen überschreiten, Handel treiben und vielleicht "aus purer Lust" zusammenkommen.

Warum konnten wir einen solchen Zustand nicht schaffen? Wollten wir etwa nicht? Hatten wir die Notwendigkeit nicht begriffen?

Wir hatten es begriffen, wir wollten es und wir arbeiteten auch dafür. Wir haben ehrlich gearbeitet, aber wir haben es nicht geschafft.

Warum haben wir es nicht geschafft? Und was ist die Garantie dafür, dass wir künftig im Vergleich zur früher mehr Glück haben würden?

Es gibt so viele Kontroversen, dass wir Südkaukasier ohne Intervention von außen nicht imstande waren, all das zu lösen, und wir können es immer noch nicht (erinnere dich an unsere Gespräche im Ausland). Georgien möchte sich in Südkaukasien eine Sonderstellung verschaffen. Es möchte seine "historischen" Grenzen wieder besitzen und will nicht nur auf Ahikelek und Ardahan, sondern sogar auf Lori und Pembek nicht verzichten. Aserbeidschan, das sich naturgemäß der Türkei annähern und mit ihr Beziehungen aufnehmen möchte, will aus ökonomischen und strategischen Gründen auf Scherur-Nachtschiwan nicht verzichten. Armenien, das bescheidenste (weil das schwächste) unter ihnen, muss eine Sache sichern, nämlich die Existenz seines Staates. Es kann nicht in die Grenzen von dreieinhalb Provinzen (Eriwan, Nor-Bejazit, Etschmiazdin und die Hälfte von Schirak) eingezwängt bleiben. Wenn es zugunsten von Georgien auf Ahikelek und zugunsten von Aserbeidschan auf Berg-Karabag verzichtet, muss es zumindest Scherur und Nachtschiwan in der Hand behalten; wenn es zugunsten der siegreichen Türkei auf Kars verzichtet, kann es auf Sürmeli und Kagizman nicht verzichten. Denn Armenien hat keinen Zugang zur Außenwelt. Mit Europa kann es bloß über Georgien Verbindung aufnehmen. Daher muss ihm Georgien, selbst wenn es ihm kein Stück Land überlässt, ihm zumindest eine Transit-Möglichkeit garantieren.

Aber weder die Türkei, noch Georgien noch Aserbeidschan kommen in diesen Fragen Armenien entgegen.

Bloß, wo ist die Garantie dafür, dass wir Daschnaken, wenn wir künftig einmal mit Diplomaten aus Ankara, mit georgischen

Menschewiki oder mit Aserbeidschanern von der Musawat-(Partei) am "grünen" Tisch" sitzen, gescheiter sein werden, als 1918, 1919 und 1920 oder jetzt im Ausland, wo nur leeres theoretisches Geschwätz stattfindet?

Wir sind noch nicht reif genug für die Lösung der Kontroversen unter uns; es wird immer noch die Notwendigkeit einer ausländischen Autorität empfunden, um zwischen den Nationen in Südkaukasien den Frieden herzustellen ... Wenn auch tragisch und beschämend, das ist die Realität.

Die betreffende ausländische Macht ist heute Moskau. Falls Ankara an die Stelle Moskaus träte, würden wir Armenier davon profitieren?

Ich kann gut verstehen, dass die georgischen Menschewiki gefordert haben, die Rote Armee möge sich aus Südkaukasien zurückziehen, und noch besser kann ich die Aserbeidschaner von der Musawat(-Partei) verstehen. Sie wissen, das hier die Türkei das Recht haben wird, ein Wort mitzureden. Sie wissen es und haben keine Angst, dazu haben sie auch keinen Grund.

Für die Nationalisten Aserbeidschans ist die türkische Herrschaft die am meisten erwünschte und verlockendste Lösung. Wenn Georgien zugunsten von Aserbeidschan auf Zakatala und zugunsten der Türkei auf Adscharistan verzichtet und gleichzeitig seine Grenzen auf Kosten von Armenien abrundet, kann es einen vernünftigen Staat gründen; ein Georgien, dessen Grenzen auf der einen Seite ans Gebirge, auf der anderen ans Meer stoßen und damit eine Volksganzheit umfasst, ist lebens- und entwicklungsfähig; es bedroht weder die Türkei, noch ist es selbst mit einer ernsten Gefahr konfrontiert.

Und Armenien? Können wir von Armenien, das zwischen der Türkei und Aserbeidschan liegt und für beide eine Bedrohung darstellt und das man sehr leicht von der Erdoberfläche wegfegen kann, dasselbe sagen?

Wisst ihr nicht, dass, wenn die Rote Armee Südkaukasien verlässt, wir gegenüber dem Block Türkei-Aserbeidschan-Georgien allein blieben (denn ich sehe am Horizont keine andere Macht, die Russlands Stelle einnehmen könnte) und die Existenz Armeniens in Frage gestellt wäre?

Eben deshalb muss sich Armenien fest an die Bolschewiki klammern (selbstverständlich solange die Bolschewiki in Russland an der Macht sind).

Aber du sagst, dass sich die heutige Lage unabhängig von unserem Willen ändern kann; in Russland könne die bolschewistische Regierung zusammenbrechen, oder die Bolschewiki könnten aus dem einen oder anderen Grund Südkaukasien verlassen.

Auch das kann eintreten. Und so sehr wir es auch wünschen mögen, wer die Lebensdauer der Bolschewiki verkürzen könnte, das sind nicht wir.

Aber ich wiederhole: Auch unter diesen Umständen kann die Daschnakzutjun Armenien nicht repräsentieren und die Lage nicht retten. Es bedarf dann neuer Menschen mit anderem Namen, mit anderer Psychologie und Vergangenheit (oder ohne Vergangenheit).

Der Brief zieht sich in die Länge, aber ich möchte so vieles sagen ... Du schreibst, wir hätten in Tiflis, in Eriwan, Zengezur und sogar in Täbriz nicht so gedacht.

Jawohl, ist das ein Grund, der es erfordert, dass wir heute in Paris und in Bukarest anders denken? Dreh dich um und schau ... Welch langen Weg haben wir zurückgelegt. Wir sind von Tiflis nach Eriwan gelangt, von Eriwan nach Zengezur, von Zengezur nach Täbriz, und ich weiß nicht, wohin wir von Täbriz aus gelangt sind.

War es nicht notwendig, dass wir aus diesem langen Weg Lehren ziehen?

Ist denn aus der Vergangenheit lernen, die Realität erkennen und nun bewusst handeln Leichtfertigkeit und Gedankenverwirrung? Und ist es etwa eine Tugend, zu wiederholen, wir hätten heute kein

Recht dazu, anders zu denken, wenn wir ja in Eriwan und Zengezur nicht so dachten?

Welch unberührbares und heiliges Wesen sind denn unsere "Ideen", dass es unmöglich ist, sie zu überprüfen oder an deren Stelle etwas anderes zu setzen.

Aber ist das, was euch an meinen Ansichten so sehr kränkt und "neu" ist, tatsächlich so "neu" und dem "alten" so entgegengesetzt?

Vielleicht ist das auch ein Selbstbetrug meinerseits, eine geistige Schwäche oder eine unbewusste Doppelzüngigkeit; aber ich kann meinerseits dieses "Neue" und "Andersartige" nicht sehen. Ich bin mir absolut sicher, dass das, was ich heute denke (gemeint sind Grundideen), so ist, wie ich 1920, 1918, 1914 und mein ganzes Leben lang gedacht habe. Dieselben Ideen haben jahrelang meine Richtung bestimmt und tun es heute noch. Wir haben keine neuen Überzeugungen. Ich habe keine neuen Götzen erschaffen, ich bin meinen alten Göttern treu. Was dir "neu" erscheint, ist meiner Meinung nach "alt"; es ist die Fortsetzung und Weiterentwicklung des Alten.

Ich schreibe all das nicht, um mich reinzuwaschen. Wenn einer, der seine Überzeugung aufrichtig und innbrünstig neu wiedererwägt und merkt, dass es sich um einen Irrglauben handelt und dass dieser eigentlich aus einzelnen Götzen ohne göttliche Merkmale besteht, so ist das nicht etwa Sünde oder etwas, weshalb man sich schämen muss.

Hätte ich ein ähnliches Abenteuer erlebt, so würde ich mich vor dem Stigma des "religiösen Überläufers" nicht fürchten und würde offen meinen neuen Tempel betreten. Aber ich wechsle heute nicht meinen Tempel, sondern die Priester und die Reliquien-Hüter, also nicht viel, nur belanglose Tempeldiener.

Was sage ich damit?

Ich sage: Der Lebenskampf der ARP Daschnakzutjun ist nun für die Befreiung der Armenier zu schwach; sie muss von der Bühne verschwinden und ihren Platz den Bolschewiki überlassen, denn nur die können unter den gegebenen Umständen den Kampf weiterführen, und sie tun es inzwischen auch.

Übe ich etwa mir selbst gegenüber und der Vergangenheit gegenüber Verrat, indem ich so denke und die Diskussion über diesen Vorschlag eröffne?

Nein, das tue ich nicht. Ihr seid es, die Verrat üben, denn ihr liebt das Werkzeug mehr als das Werk selbst.

Gott möge mich davor bewahren, zu denken, dass ihr das bewusst tut. Ich habe weder das Recht noch einen Grund, diesbezüglich auch nur den geringsten Zweifel aufkommen zu lassen. Aber Tatsachen bleiben Tatsachen.

Versuch einen Augenblick lang zu vergessen, dass diese Worte von einem Alten kommen, der das Gleichgewicht seines Verstandes verloren hat (denn solche Mutmaßungen lösen das Problem nicht, sondern im Gegenteil, sie verkomplizieren es) und denk noch einmal nach ... Vielleicht kannst du dann sehen, dass meine Worte alles in allem auch nicht so wirklichkeitsfern sind.

Wisst ihr, junge Genossen, dass es mir oft vorkommt, als ob ich als einziger unter euch jung geblieben sei. Ihr seid alle frühzeitig verwelkt. Die Alters-Sklerose hat euere Gedanken versteinert.

Du fragst, ob denn "unabhängiges Armenien etwa eine Verrücktheit" sei?

Nein: Ein Irrtum, nicht eine Verrücktheit; eine äußerst gesunde, lebendige und belebende Idee, eine herangereifte Forderung; sie ist realisierbar und wurde bereits realisiert.

Wir wollen keine Wortspiele machen.

"Unabhängigkeit" ist nicht ein absoluter Indikator, der nur in einer bestimmten Form und im breiten Maßstab wertvoll und darunter grundsätzlich nichts wert ist. Armenien ist nicht England, nicht einmal eine Schweiz und kann es (in einer für uns erkennbaren Zukunft) auch nicht sein. Seine Unabhängigkeit liegt unweigerlich innerhalb bestimmter Grenzen. Was wir zu tun haben ist, diesen Weg so weit zu gehen, wie es die äußeren Umstände und unsere Kräfte zulassen. Wir müssen alle Möglichkeiten nutzen, wir müssen alle Kräfte aufbieten. Zumindest dürfen wir jemanden, der das erreicht hat, was wir nicht geschafft haben, nicht behindern.

Haben es die Bolschewiki etwa auf unsere Unabhängigkeit abgesehen und uns wieder an Russland gebunden?

Ist das so? Die Bolschewiki haben, indem sie uns an Russland angeschlossen haben, die unter den heutigen Voraussetzungen einzig mögliche Form der Unabhängigkeit erreicht und so unsere Zukunft gerettet.

(...)

Du schreibst: "Die Bolschewiki sind nicht bestrebt, den Zusammenhalt des Volkes zu fördern, sondern es auseinander zu treiben".

Ich weiß wirklich nicht, welche Anstrengungen sie unternommen haben sollen, um das Volk auseinanderzutreiben, außer dass sie uns, nämlich einige Hundert Daschnaken, außer Landes verjagt haben; aber gib zu, dass das nicht bedeutet, das Volk auseinandertreiben.

Ja, die Bolschewiki halten das Volk nicht zusammen.

Hätten wir es denn zusammengehalten, wenn wir an deren Stelle geblieben wären?

Die Kleinheit der armenischen Territorien und ihre ökonomische Lage bieten keine Gelegenheit zur Rückwanderung. Das ist das Haupthindernis für das Zusammenführen des Volkes.

Dic Bolschewiki wollten nicht die Grenzen erweitern und die wirtschaftliche Lage des Landes spürbar verbessern (sagen wir, sie wollten es nicht), das stimmt.

Aber hätten wir es, mit all unserer guten Absicht, erreichen können?

Die Bolschewiki haben die Grenzen nicht erweitert, aber sie haben zumindest die vorhandenen erhalten können. Und was die wirtschaftliche Lage betrifft ist, laut verfügbaren und wirklich mageren Informationen, die heutige Lage im Vergleich zu unserer Ära besser.

Die Wirtschaftsordnung der Bolschewiki - das Fehlen des Privateigentums - ist für das heutige Armenien tatsächlich entsetzlich, und fügt man die Parteidiktatur hinzu, so ist das die andere Seite der Medaille. Trotzdem haben die Bolschewiki dem Land Frieden gebracht und haben arbeitende Hände schöpferischer Arbeit zugeführt.

Das bolschewistische System könne unser Land nicht entfalten und seine wirtschaftliche Entwicklung nicht gewährleisten.

Aber das ist kein Hindernis, die Notwendigkeit und den Nutzen der Sowjetherrschaft einzugestehen; denn es geht um andere Gefahren und andere Bedrohungen, und diese sind nicht weniger wichtig als die im Rahmen der Etablierung der sozialistischen Ordnung zur Unzeit vorgenommenen und fruchtlosen Experimente.

(...)

Ich bin schon zum zweiten Mal dabei, den Brief zu beenden und fange von vorn an. Ich merke, dass ich mich wiederhole. Aber was soll ich tun? Du selbst vergisst es und kommst erneut auf ein bereits erörtertes Thema zurück.

Ich fahre fort.

Du schreibst: "Wir müssen es begrüßen, dass zu guter Letzt, noch zu unseren Lebzeiten seriöse politische Gruppierungen und unterschiedliche Strömungen entstanden sind."

Wenn du dich erinnerst, hatte ich, als die ARP Daschnakzutjun als einzige herrschte, dieses Thema auf die Tagesordnung gebracht. Ich versuchte, den trunkenen Parteigängern darzulegen, wie gefährlich diese Situation sowohl für das Land als auch für die Partei selbst sei.

Ja, es braucht Gruppierungen, aber unter zwei Bedingungen:

Erstens, die Gruppierungen müssen sich als notwendige Folge des Lebens bilden und müssen die wirkliche Lage widerspiegeln.

Sie müssen diesen oder jenen herangereiften dringenden Bedürfnissen entsprechen. Die bolschewistische Gruppierung, oder besser gesagt, die Ausrichtung der Front gemäß dem Bolschewismus, ist eine Lebensnotwendigkeit. Wir können nicht dasselbe von uns sagen. Die Daschnakzutjun ist (als Partei - versteh mich richtig) ein Relikt aus der Vergangenheit, ein überflüssiges Organ, und der Körper braucht dieses Organ nicht mehr. Das Bedürfnis, auf das du hinweist, ist kein wirkliches Bedürfnis sondern eine unfundierte Vorsichtsmaßnahme. Eine politische Partei darf ihr heutiges Dasein nicht durch Tätigkeiten rechtfertigen, die eventuell in Zukunft zu erledigen sind; denn wenn es was zu erledigen gibt, so findet sich auch jemand, der es erledigt.

Zweitens: Die Gruppierung darf sich nicht im Ausland, sondern muss sich im Inland befinden. Ausländische Kräfte können bestenfalls helfen. Sie können aber nicht die Aktivitäten im Inneren anführen. Obwohl du gegen Parteien in der Diaspora bist, kannst du nicht einsehen, dass die Daschnakzutjun keine andere Chance mehr hat, als die einer Partei in der Diaspora.

Hier entsteht für mich ein ernsthaftes Hindernis.

Du fragst zu Recht, welche "objektiven Informationen" ich zur Hand hätte, um daran festzuhalten, dass die Daschnakzutjun tot sei. Ich bin vom Land losgerissen. Ich habe keine Ahnung, was dort geschieht. Du sagst, du hingegen hättest Informationen in der Hand, hättest auch Nachrichten in der Hand, die der Amerikaner M. überbracht habe.

Deine Stellung ist im Vergleich zu meiner sehr viel stabiler, und das gibt dir das Recht, zu sagen, dass ich "schädliche Stimmungen der Flüchtlinge dem Volk vermitteln" wolle.

Es mag sein, dass meine Ideen tatsächlich "geistig abstrakte Formeln" sind. Das Leben präsentiert aber völlig andere Dinge.

Ich suche bei mir nach Fehlern und möchte welche finden, kann aber keine finden.

Du weißt, dass ich der Seriosität und Objektivität solcher Nachrichten misstraue. Und den Nachrichten von M. möchte ich ebenso wenig Beachtung schenken, wie allen übrigen unverantwortlichen Worten und anderen zufälligen Beobachtungen berühmter Ausländer.

Warum ich ihnen nicht traue?

Weil solche Nachrichten dem widersprechen, was ich weiß und was ich gesehen habe und ebenso der Natur der Sache. Ich habe unsere Partei erlebt, als ich noch in Armenien war: Während unseres langen Weges habe ich sie im Iran, in Ägypten und in Konstantinopel erlebt; und hier, auf dem Balkan erlebe ich sie auch. Ich habe an verschiedenen Versammlungen teilgenommen, habe mit Genossen einzeln gesprochen. Ich verfolge die Presse und komme stets zum selben Resultat: Es gibt keine Partei mehr. Es gibt nur Überreste der alten Partei. Diese tragen unterschiedliche Bezeichnungen und schreiben einander; aber es gibt kein Leben, denn es gibt nichts zu tun. Es gibt keinen Glauben und keinen Enthusiasmus.

Und ich staune nicht darüber, denn ich sehe die Gründe und verstehe sie. Um an etwas Gegenteiliges zu glauben, braucht es positive und wirksame Informationen; die Nachrichten, die du hast, sind für mich nicht überzeugend, denn ich weiß, wie verlässlich diese Quellen sind.

Nachrichten, wirklich unbestreitbare Nachrichten, sagen ganz andere Dinge.

Beobachte mal, welche Form von Beziehungen zwischen verantwortlichen Daschnak-Genossen, Organen, Gruppierungen bestehen, analysiere sie und sag mir, ob eine Partei in einem solchen Zustand von Misstrauen, Debatten, Kontroversen und Beschuldigungen bestehen kann? Erzähl mir nicht, dass das nur ein für die Diaspora typischer Zustand sei! Nein, im Land war das auch der Fall. Gleich am ersten Tag unserer Regierung war die Parteiatmosphäre vergiftet.

Wenn du dich erinnerst: Wir haben uns genau zwei Jahre angestrengt, aber es ist uns (aus dir bekannten Gründen) nicht gelungen, einen Parteitag einzuberufen, für den die Partei starken Bedarf empfand. Beweist diese Schwäche und deren Gründe nicht, dass die Partei nicht mehr existiert?

Aber weißt du, der schlagendste Beweis dafür ist die Schluss-Resolution, der der Parteikongress zugestimmt hat. Nur eine Partei, die den Boden unter den Füßen verloren hat, konnte eine derartig inhaltslose, widersprüchliche, nichtssagende Schlussakte publizieren, die zwar allumfassend, jedoch in keiner Weise bindend ist. Eine kompetente Partei, die Projekte vorantreibt, hätte einer solchen Schlussakte nicht zugestimmt. Diese Schlussakte beweist, dass die Partei nicht weiß, was sie tun soll, dass es für sie nichts mehr zu tun gibt, und dass sie ihren Tod hinter Wortspielen zu verbergen sucht.

Unter den gegenwärtigen Umständen hätte nur eins die Daschnakzutjun retten können: Ein unaufhörlicher, breit angelegter Kampf gegen den Bolschewismus unter Nutzung aller Mittel und jeder Art von Waffen. ... Aber Daschnakzutjun ist nicht in der Lage, das zu tun und soll es auch nicht tun. Für sie gibt es nur eins: sterben.

Mit "... in Anbetracht ... und weiter vor Augen haltend ... aber ... denn ... und weil ... deshalb ... demgemäß ... oder sowohl dies als auch jenes ...", mit einer derartigen Schlussakte können Parteien nicht bestehen.

Auch das ist eine Art "Nekrolog", bloß unaufrichtig und mutlos.

(...)

Du schreibst: Die Parteikonferenz habe keine Befugnis, die Partei aufzulösen. Natürlich ist er nicht befugt. Aber ich habe das in meinem Bericht berücksichtigt und nur das vorgeschlagen, was die Befugnisse der Konferenz nicht überschreitet.

Du schreibst Folgendes: "Ich widerspreche nicht, es kann eine Zeit kommen, da sich die ganze Welt im Friedenszustand befindet und auch unser Anliegen von der Tagesordnung verschwindet. In einer solchen Situation wird es notwendig sein, dir zu folgen, aber heute ist es noch zu früh."

Weißt du, mit diesen paar Zeilen hast du deine Waffe gesenkt und aufgegeben.

Die ganze Welt befindet sich noch nicht in Frieden (und wird es auch nie sein) aber unser Anliegen ist (für eine Weile) von der Tagesordnung weg und unsere Tage sind gezählt ... Das ist die bittere Wahrheit.

Du schreibst: "Da es ja nicht möglich war, deinen Bericht vor seiner Verlautbarung zu vernichten, wünschte ich mir, dass er so bald wie möglich vergessen werde. Und ich finde die Erörterung dieses Themas unnötig und schädlich."

Warum? Wer braucht diese Maßnahmen, für wen ist diese Hungerkur gemeint?

Seit wann hat die Daschnakzutjun Angst vor Ansichten? Wieso sollten einem Genossen der Mund und den übrigen die Ohren zugestopft werden?

Sollte das, was ich sage, Ergebnis eines persönlichen Impulses *(ad hominem)* oder das Stammeln eines Kranken oder abstrakte Formeln bar jeder Grundlage, naive und beschränkte, nicht zu beachtende Ansichten sein, da bist doch noch du da, du kannst ihnen die Augen öffnen, die Tatsachen aufzeigen.

Das wäre nicht "unnötig und schädlich", ganz im Gegenteil, es wäre eine nötige und nützliche Sache.

Kannst du von mir sagen, ich sei "von krankhaften Gefühlen des Exils" befallen und sonst niemand in der Partei? Wenn meine Rettung unmöglich ist, kannst du dann sagen, dass auch die übrigen Kranken und Halbkranken ebenso nicht zu retten sind. Hast du das Recht, das zu sagen? Welche Mittel gibt es für die Heilung derer, die von ansteckenden Krankheiten befallen sind, und welche vorbeugenden Impfungen, um einer Epidemie vorzubeugen?

Du und deine Sinnesgenossen hättet nicht ein Verbot gegen meinen Bericht erlassen, sondern jeden einzelnen Daschnaken ermutigen, ja zwingen sollen, den Bericht zu lesen und ihnen sagen wollen: "Seht her, wie tief einer eurer Genossen gesunken ist."

Das kann die Partei erschüttern, die Schlafenden wecken, die Faulen zur Aktivität aufrufen, Aktivität kann Wirkung zeitigen, kann die Reihen straffen und stärken. Mit einem Wort, es kann ein Gegengift gegen den Verfall sein, kann die Lebenskräfte (wenn es so etwas in der Partei noch gibt) mobilisieren.

Ihr habt das nicht getan.

Warum?

Weil ihr feige seid, mein Verehrter, feige.

Ihr wollt die Suche nach Ideen unter Zensur stellen, den Maulkorb anlegen und das Gesagte verheimlichen, denn ihr traut eurer eigenen Kraft nicht.

Eure Herzen sind voll Angst und Misstrauen.

Hättest du geglaubt, dass die Partei noch lebt, hättest du meinen Bericht gewiss nicht für schädlich gehalten, hättest keine Verärgerung über seine Verlesung bei der Parteikonferenz geäußert und hättest nicht gewünscht, man möge ihn vergessen.

Hör jetzt zu, was ich sage.

Ich habe aus meiner Sicht diesen Bericht als eine Pflicht, als eine moralische Pflicht gegenüber dem armenischen Volk und meiner Partei betrachtet. Hätte ich ihn nicht geschrieben, hätte ich eine große Sünde begangen. Ich habe es als meine Pflicht erachtet, meinen Bericht einem übergeordneten Organ (denn den Kongress einzuberufen war nicht möglich) vorzulegen und seinen Beschluss abzuwarten. Der Beschluss ist ergangen. Mach den Mund zu und schweig.

Ist damit das Thema beendet?

Meiner Meinung nach nicht.

Ich werde jetzt einer weiteren Pflicht nachkommen; ich werde trotz Parteibeschluss meine Stimme erheben. Ich muss dieser

Pflicht in der Art und Weise und in dem Ausmaß nachkommen, wie ich kann.

(...)

Wenn ich heute gegen euch rebelliere, so solltet ihr das nicht als Sturheit taxieren.

Dass ihr über diese meine Neigung zu unterschiedlichen Interpretationen gekommen seid, ist für mich eine schwere Last. Ihr braucht euch nicht zu schämen.

Wenn ich überall verschiedene *ad hominem*-Auslegungen sehe, "Warum hat er bloß so etwas getan, warum hat nur er so gehandelt, und warum haben andere nicht so gehandelt?", lehne ich mich mit meinem ganzen Herzen auf und weiß nicht, wie ich in einer Situation leben kann, wo es kein gegenseitiges Vertrauen und keine gegenseitige Achtung mehr gibt.

Auf jeden Fall, verehrter N.N., möchte ich den "alten Glauben" bewahren, dass es etwas Heiliges gibt, das - trotz der Schwächen der Menschen bestehen bleibt, und ohne auf alle Schwächen der Menschen ein Auge zu haben (sogar trotz derer) - die Gedanken und Handlungen der Menschen lenkt, und dass es ebenso falsch und töricht ist, hinter jedem Schritt geheime, verkappte oder arglistige Motive und Hintergedanken zu suchen.

Ich küsse dich,
Dein Hov. Katschaznouni,
Bukarest,
17. Juni 1923

Doğu Perinçek

DIE GROSSMÄCHTE UND DIE ARMENIERFRAGE

In Sowjetischen Dokumenten

In diesem Buch bringt Doğu Perinçek sehr wichtige Dokumente aus den Sowjetischen Archiven in Bezug auf Armenierfrage heraus.

Weil es sich um Feststellungen einer dritten Kraft wie der Sowjetunion handelt, sind diese Dokumente beweiskräftig und von internationaler Tragweite. Alle Berichte und Korrespondenzen enthalten ehrliche Bewertungen, die zum Ziel haben, die Realität zu ergründen.

Alle Dokumente widerlegen ohne Ausnahme auf dem internationalen Markt feilgebotenen "Völkermord" an Armeniern und halten fest, daß es historisch in der Region Kämpfe zwischen den Nationalitäten gegeben hat.

Perinçek analysiert was hinter der Behauptungen des sogenannten "Genozids an den Armeniern" steckt und wie diese als Druckmittel auf die Türkei ausgeübt wird.

Ferner schildert er ganz genau, wie die USA und die EU die Armenierfrage als ein Instrumentarium in der Strategie für den Nahen Osten und Asien benutzen.

Und das Schlusswort: "Die Trümpfe der Türkei sind viel stärker als die des Westens. Es reicht, wenn in Ankara eine protürkische Regierung sitzt."